CARTOUCHE
PRINCE DES VOLEURS

Du même auteur

Romans
Retour de femme, Denoël
Anatomie d'un suicide, Denoël
Vues sur guet-apens, Denoël

Récit
Un pavé dans la mare, Syros

Essais
Les Maîtres du roman policier, Bordas
À la poursuite de James Hadley Chase, Presses de la
Renaissance

Traduction
Six jours de préavis, roman de Giorgio Scerbanenco,
Le Mascaret

Adaptations théâtrales
La vie que je t'ai donnée, de Luigi Pirandello
(en collaboration avec Michel Dumoulin),
créée au théâtre Hébertot le 10 octobre 1989
avec Maria Casarès, Monique Chaumette,
Catherine Rétoré, Jean Pommier,
dans une mise en scène de Michel Dumoulin.
On ne sait comment, de Luigi Pirandello
(en collaboration avec Michel Dumoulin),
en cours de production.
George, de Jérôme Charyn
(d'après la traduction de Cécile Bloc-Rodot),
en cours de production.

ROBERT DELEUSE

CARTOUCHE
PRINCE DES VOLEURS

ÉDITIONS DAGORNO
7/9 Passage Dagorno, XXᵉ

COLLECTION
Mort ou vif

dirigée par Hervé Delouche

« Que les individus se soient élevés très au-dessus de leur race, cela ne fait guère de doute. Mais lorsque nous remontons le cours de l'histoire pour rechercher les traces de leur existence, nous devrions négliger toutes les biographies "des bons et des grands" et en revanche scruter minutieusement les minces rapports concernant les misérables morts en prison, à l'asile d'aliénés ou sur le gibet. »

Edgar Allan POE

Pour de bonnes ou de mauvaises raisons, certains individus sont un beau jour désignés à la vindicte. On veut les faire taire. On les cherche, morts ou vifs. Ces destins de rebelles ou de hors-la-loi sont célèbres ou occultés. Les plus connus ont peuplé nos rêves d'enfants. D'autres, plus oubliés, méritent d'être exhumés des archives, qu'elles soient ou non « classées ». La vie de ces hommes et de ces femmes, véritable révélateur d'une société, mêle le romanesque et l'histoire, la légende et la vérité. La collection « Mort ou vif » s'attachera à faire revivre ces deux aspects.

Au programme 1994

Viva Villa, de Gérard Delteil.
Les Mémoires de Butch Cassidy, de Roger Martin.
Landru, le distingué amateur, de Pierre Drachline.
Cochise, l'ennemi chiricahua, de Patrick Mosconi.
Georges Guingoin, le Tito du Limousin,
de Thierry Jonquet.

© Éditions Dagorno, 1994.
ISBN : 2-910019-09-8

À ma mère, cette histoire d'un (autre) rebelle.
R.D.

19 Il est bon Giboyeur il tire bien en volant

L'auteur remercie Cécile Raviart
pour sa recherche iconographique.

« *Pour échapper à des brigands occasionnels*
que l'on tient pour brigands,
nous nous livrons à des brigands permanents
que l'on tient pour des bienfaiteurs ;
nous nous livrons aux gouvernements. »

Léon TOLSTOI

AVANT-PROPOS

C'est une histoire qui commence à la diable pour s'achever dans l'enfer de la torture et de la mort. Autant le dire d'emblée, cela ne tuera pas le suspens, notre héros sera mis à la question aux brodequins et succombera au supplice de la roue en place de Grève...

Dans son *Dictionnaire philosophique* portatif qu'il publiera en 1764, Voltaire écrivait : « Les nations étrangères jugent de la France par les spectacles, par les romans, par les jolis vers, par les filles d'Opéra qui ont les mœurs fort douces, par nos danseurs d'Opéra qui ont de la grâce, par mademoiselle Clairon qui déclame des vers à ravir. Elles ne savent pas qu'il n'y a point au fond de nation plus cruelle que la française. » L'écrivain plaidait en ces termes la réhabilitation du chevalier de la Barre qui fut convaincu par les juges d'Abbeville d'avoir chanté des refrains impies et d'avoir passé devant une procession de capucins sans ôter son chapeau. Pour lui enseigner les bonnes manières, on lui arracha la langue, on lui coupa une main et on le fit brûler vif à feu doux. Et Voltaire de compléter : « Ce n'est pas dans le XIII⁻ ou le XIV⁻ siècle que cette aventure est arrivée, c'est dans le XVIII⁻ [...] Les Français qui passent, je ne sais pourquoi, pour un peuple fort humain, s'étonnent que les Anglais, qui ont eu l'inhumanité de nous prendre tout le Canada, aient renoncé au plaisir de donner la question. » L'histoire qui, on le sait, ne se répète jamais tout en bégayant sans cesse, nous a donné une nouvelle preuve de cet archaïsme franco-français puisque ce pays a été le dernier de l'Europe occidentale à supprimer la peine capitale de son Code pénal (1981) sans pouvoir s'empêcher toutefois de faire régulièrement entendre des voix sanguinaires bien décidées à se rabaisser au rang des assassins qu'elles accusent en demandant son rétablissement. Aujourd'hui même, douze ans après l'abolition, un procureur de la République, qui soigne sa publicité médiatique au mépris du secret de l'instruction, n'hésite pas davantage à fouler aux pieds justice et démocratie en exposant dans son bureau de fonctionnaire, au vu et au su de tous ses visiteurs, la reproduction d'une guillotine miniaturisée avec, paraît-il, son couperet en parfait état de marche...

Quant au chevalier de la Barre, pour lequel Voltaire n'obtint ni la révision du procès ni la réhabilitation, il bénéficie dans le Paris actuel, entre la rue Ramey et la rue du Mont-Cenis, d'une plaque d'identité urbaine à son nom. Pied de nez de l'histoire ou manière de condamner sans frais son supplice, cette rue se trouve justement dans un arrondissement de la capitale, le XVIII\ :sup, qui fut aussi le chiffre de son temps comme celui de notre héros.

*
* *

C'est à cheval sur le siècle d'un Louis XIV finissant et le début d'un siècle des Lumières, qui disjonctera dans les barbaries de Thermidor puis de

Brumaire et de ses suites, que se tient la folle existence de Louis-Dominique Cartouche. Mais pas à
n'importe quel moment de ces deux siècles. Très
précisément entre 1693 et 1721, quand le pays se
convulsait déjà sous les coups de boutoir dispendieux du résident de Versailles et que ses nouveaux
dirigeants, pour l'en extraire, en déclenchèrent
d'autres sinon plus graves tout au moins aussi
rédhibitoires. Ces vingt-huit ans-là sont le cadre de
vie et de mort de notre héros ainsi que de centaines
de milliers de Français terrassés par les guerres, les
catastrophes, les disettes et les maladies.

Au sein de cet espace temporel, la Régence
occupe un moment à part. Une sorte d'inter-règne
actif coincé, d'une part, entre les conséquences
désastreuses d'un pouvoir royal qui s'auto-érigea en
astre, ne brilla que par artistes interposés pour
s'éteindre dans le mécontentement général et,
d'autre part, son déjà arrière-petit-fils qui laissera à
un évêque prénommé Hercule puis à une courtisane
nommée Poisson le soin de régler les problèmes du
royaume, d'ourdir des intrigues de cour et de main-
tenir le joug sur les épaules d'un peuple de plus en
plus accablé et protestataire.

Entre ces deux majestés diversement mal embou-
chées, la Régence dura huit ans. De 1715 à 1723.
Elle fut le fait de l'ex-chartreux Philippe, devenu
duc d'Orléans, qui figurait dans le testament de son
oncle pour participer à l'intérim. À ceci près que le
quatorzième Louis avait souhaité que le duc du
Maine y jouât un rôle important sinon décisif. Mais
le neveu de l'ex-monarque, ne l'entendant pas de
cette oreille, s'aida du Parlement de Paris pour
faire casser le testament à son seul profit, renvoyant
aux oubliettes le fils légitimé de Petit Louis et de la
grande pondeuse Montespan. La Régence ne fut pas

une pure et simple parenthèse politico-économique, loin s'en faut. Comme l'a justement noté Henry de Jouvenel : « Elle n'a pas créé le trouble, elle l'a résumé. » Et le raccourci a été fulgurant.

C'est en cette période que Louis-Dominique Cartouche exprima à plein l'essentiel de ses dispositions et de son dispositif. Brigand d'envergure, organisateur hors pair, il posa bien des problèmes aux représentants de la loi et aurait même pu porter le feu à un plus haut échelon si telle avait été son intention et s'il n'avait été trahi par l'un de ses proches.

Face à lui (si l'on peut dire) au même moment, un prestidigitateur financier tout aussi audacieux, chéri par le pouvoir en place, qui profita de la situation de déliquescence sociétale pour surfer sur la vague de la spéculation à tout crin et devenir, un temps, la coqueluche des anciens nantis comme des nouveaux riches, avant de voir son étoile pâlir. Il avait nom John Law.

L'un et l'autre sont les deux faces d'un même problème. L'un comme l'autre ne pouvaient exister qu'à ce moment précis de l'histoire de France. Comme l'écrivit judicieusement Barthélemy Maurice, dès 1864 : « Le procès de Cartouche et de ses trois cent soixante-six complices est l'acte d'accusation le plus énergique qui ait jamais été formulé contre la cour, l'armée, la police, la magistrature elle-même. C'est le bilan d'une société gangrenée jusqu'aux os et tombant en pourriture. En le parcourant, on sent que 89 va venir [...] et l'on s'étonne seulement que la Révolution ait tant tardé à balayer tout cela. »

Avant d'entrer dans le vif du sujet, levons tout de suite une hypothèque. On a longtemps cru que Cartouche était le surnom d'un dénommé Louis-

Dominique Bourguignon. Aujourd'hui encore, on trouve des auteurs pour accréditer cette inversion d'identité. En fait, Cartouche était bel et bien le patronyme du prénommé Louis-Dominique et Bourguignon (au même titre que Petit, Lamarre, etc.) ne fut qu'un des multiples pseudonymes dont il usa pour se parer de curiosités pressantes ou se tirer des pattes d'enquêteurs insistants.

Cette hypothèque levée, venons-en à l'hypothèse prônée par Gilles Henry dans sa biographie du célèbre brigand... Au début de son ouvrage, l'auteur conduit un récit dans lequel apparaît, à l'article de la mort, le père de Cartouche. Nous sommes en 1737, à La Houssaye, petite bourgade normande. Le curé de la paroisse est appelé au chevet du mourant par le valet de chambre du comte de Beuzeville pour entendre les dernières paroles de ce domestique que le père du comte (le marquis de Beuzeville) avait recueilli quelques années plus tôt. L'homme confesse s'appeler Jean Garthauszien (il prononce Garthauchien), être né à Hambourg vers 1659 et avoir exercé la profession de mercenaire avant celle de tonnelier. Il ajoute que son nom mal prononcé avait été altéré en Cartouche et qu'il n'est autre que le père du fameux brigand roué vif en place de Grève, seize ans auparavant.

Cette version pourrait paraître à d'aucuns comme simplement romanesque voire fantaisiste s'il ne planait sur cette famille quelques ombres tenaces. Par exemple, il a effectivement été établi que Jean Cartouche, père de Louis-Dominique, a bel et bien été recueilli par le marquis de Beuzeville (dont un oncle, soit dit en passant, mourut à Maastricht, de même que les célèbres d'Artagnan et Marlborough). Il n'est pas moins vrai, par ailleurs, que des documents relatifs au dossier Cartouche ont mystérieusement disparu des Archives nationales ainsi que des pièces de l'affaire qui se sont volatilisées de la Bibliothèque nationale. De surcroît, le fait que le Régent en personne soit venu visiter le prisonnier à la Conciergerie n'est pas non plus sans surprendre, même si la notoriété de Cartouche était immense. Et Gilles Henry de s'interroger : « Est-il déraisonnable de penser que les représentants du pouvoir ont utilisé Cartouche pendant la Régence ? Qu'après la condamnation à mort ou aux galères des trois fils Cartouche, on s'est arrangé pour que le père ne puisse être amené à parler ? » Il n'est rien d'impossible, en effet, à la caste politique française, d'obédience monarchiste ou républicaine. Depuis l'affaire du Masque de fer, la liste est longue des turpitudes de nos gouvernants historiques et contemporains. Néanmoins, nous laisserons en suspens les interrogations de Gilles Henry à propos de ce pataquès patronymique sans omettre, toutefois, d'en appeler à cet article de la loi américaine qui permet à un juré de faire prévaloir son opinion contre celle de ses pairs au nom d'un doute valable.

Dans la hiérarchie chronologique de ce qu'il est convenu d'appeler les « ennemis publics numéro un », exception faite du dénommé Mandrin, seul Louis-Dominique Cartouche a réussi à tisser une toile d'araignée recouvrant l'ensemble du territoire. Sans jamais vouloir s'attaquer de façon consciente au pouvoir en place, par ses coups de main et de force, il ne l'a pas moins secoué sur ses bases et a révélé l'état de décomposition déjà avancé du régime absolutiste. Parmi ceux qui l'ont suivi (si l'on met à part Mandrin), aucun n'a jamais plus réussi à catalyser sur sa personne une telle aura ni à bâtir une pareille organisation.

Le Rhénan Johannes Bueckler (dit l'Écorcheur) eut beau sillonner le pays en se donnant des allures de brigand au grand cœur qui détroussait les riches fermiers, il tomba du côté où il penchait le plus : l'antisémitisme notoire. La Convention mit fin à ses sinistres exploits en le guillotinant. Sa bande de voleurs et d'assassins n'est en rien comparable à celle des cartouchiens.

Jules Bonnot fut sans doute un précurseur en ce qu'il inventa le vol à main armée en automobile. Mais l'ancien chauffeur de sir Arthur Conan Doyle, ex-ouvrier tisserand et ex-mécanicien, un rien obsédé par les belles décapotables et les efficaces conduites intérieures, malgré le contexte anarchisant dans lequel il baigna et dont il sut tirer parti, n'arriva jamais à la cheville de Cartouche même si sa fameuse bande (réduite à une dizaine d'éléments) entra dans la mémoire populaire.

À son tour, Pierre Loutrel, plus connu sous le nom de Pierrot le Fou, ne fut pas ce type de truand fraternel que le cinéma français nous a présenté. Lui et quelques-uns de ses complices s'en donnèrent à cœur joie sous l'Occupation aux côtés de la Gestapo, assassinant même des résistants, avant de retourner leur veste. Entré dans un réseau de résistants, Loutrel se refera une virginité en abattant ceux de ses anciens copains demeurés dans le giron nazi. C'est après la Libération que commencera sa véritable épopée ganguesque au volant des fameuses Traction avant.

Jacques Mesrine, à ce jour le dernier des grands « ennemis publics numéro un » (tout se perd), aurait pu être un Cartouche des temps modernes.

Son sens de l'organisation, du coup bien préparé et rapidement exécuté, sa propension à la publicité, sa fidélité envers ses amis, sa haine des traîtres et des menteurs, tout aurait pu le porter à devenir l'un des plus redoutables chefs de bande du XXᵉ siècle. Tout, excepté le contexte de l'époque mais aussi sa véritable nature, car Mesrine était d'abord un franc-tireur. À lui seul, avec ou sans comparse de fortune, il ridiculisa plusieurs années durant la police française, s'évada, se grima, entama l'autorité des gouvernants qui finirent par ordonner son assassinat. Le 2 novembre 1979, son corps criblé d'impacts demeura un long moment exposé à la curiosité malsaine des badauds (tout comme le fut le corps supplicié de Cartouche) sous le regard hilare de ses meurtriers posant pour les photographes. Cette exécution publique et spectaculaire n'avait rien à voir avec l'exemplarité d'un châtiment. Misant sur la versatilité du public et d'une certaine presse, ce crime barbare avait pour but, en vérité, de détourner l'attention générale d'un autre assassinat, maquillé en suicide (celui du ministre en exercice Robert Boulin), qui défrayait alors la chronique et qui était autrement plus encombrant pour le pouvoir de l'époque et la caste politique dans son ensemble.

Reste Louis Mandrin qui, outre le fait de porter l'un des prénoms de notre héros, a lui aussi réussi à lever une troupe de contrebandiers dont il devint le capitaine-général. Né quatre ans après la mort de Cartouche, il mourut comme lui torturé et roué. Il venait d'avoir trente ans. Entre-temps, sa haine contre l'impôt et ses collecteurs sans scrupules avait fait de ce jeune homme généreux et brillant l'un des plus efficaces bandits de l'histoire. Dans une lettre à la duchesse de Saxe-Gotha, Voltaire écrivait à son propos, quatre mois avant sa capture et sa mort : « On prétend [...] que Mandrin est dans le cœur du royaume, à la tête de six mille hommes déterminés ; que les soldats désertent les troupes pour se ranger sous ses drapeaux [...] Il y a trois mois, ce n'était qu'un voleur ; c'est, à présent, un conquérant. »

Quant à Cartouche, le premier de tous, il connut un succès considérable. De son vivant déjà, sa popularité était immense. *Post mortem*, elle ne fera que s'amplifier. Chansons, poèmes, biographies, romans, pièces de théâtre : tout y passa. Ainsi, ceux qui décidèrent de son exécution ne réussirent qu'à interrompre le cours d'une vie sans pouvoir jamais arrêter le flot de sa mémoire. Ainsi, quand s'acheva l'histoire de Cartouche, commença sa légende...

PREMIÈRE PARTIE

LE VERITABLE PORTRAIT DE CARTOVCHE
arresté le 6 Janvier 1721 il Sest Sauué la nuit du Samedy au premie
dimanche de Caresme qui estoit le 2 feurier il a esté arresté depuis le 14 –
octobre et Sest voulut Sauué le 27 il a esté transferé a la Consiergerie
le 1 novembre –

Il avait plu d'abondance, la veille, sur la capitale et les sept cents rues de Paris n'étaient qu'un gigantesque lacis de bourbiers. L'homme qui progressait d'une démarche lourde vers la rue de Ménilmontant revenait de la maison de force de la Salpêtrière où sa fille cadette, âgée de dix-sept ans, convaincue de débauche sur la voie publique et dénoncée par le curé de la paroisse au bureau de l'hôpital général, avait été enfermée dans une cellule de la correction.

Depuis neuf ans, en effet, l'hospice de la Salpêtrière avait été prolongé d'une prison spéciale destinée à accueillir des femmes et filles de mauvaises vies et des criminelles. Cette maison de force comprenait quatre divisions : le commun où étaient retenues les prostituées professionnelles, la prison pour les détenues par sentence de justice, la grande force destinée aux condamnées à perpétuité et la correction où séjournaient de jeunes filles jugées capables de se corriger...

L'homme, taillandier de son état, habitait le quartier de la Courtille. De taille moyenne, le teint bistre, il portait une redingote noire, une chemise de drap gris sous un gilet de serge et une culotte de calemande rouge.

Traverser Paris, en ces temps-là, n'était pas une sinécure. Non seulement il fallait se frayer un chemin entre les étals des marchands ambulants, les vendeurs à la sauvette, les grappes de mendiants jetés dehors par la disette, éviter les fiacres et autres carrosses menés grand train par des cochers sans égards, mais on devait également franchir des ruisseaux fangeux, sauter de pavé en pavé gluants, échapper à la souillure de quelques jets d'ordures ménagères ou de vases de nuit que des locataires peu scrupuleux vidaient par les fenêtres ou les quarrés de leurs logements malgré les ordonnances qui avaient été prises à l'encontre de ces fâcheuses habitudes. Ce n'était pas sans raison que l'on murmurait que Lutecia était un dérivé de lutrine même si la responsabilité de cette insalubrité ambiante incombait en premier lieu aux propriétaires qui se faisaient tirer l'oreille pour aménager des fosses et des latrines ou pour investir dans le service de tombereaux chargés de collecter les immondices.

L'homme qui s'en revenait de la maison de force où il était allé voir sa fille atteignit la rue du Pont-aux-Choux aux environs de quatre heures. En fait, il avait profité de son droit de visite pour s'enquérir auprès des autorités compétentes du sort que l'on réservait à sa progéniture. Une inquiétante rumeur s'était répandue dans Paris selon laquelle une fournée de deux cents femmes de mauvaise vie seraient prochainement embarquées à bord d'un navire marchand pour les colonies. Par deux fois déjà, des contingents de Petites Filles Bleues (orphelines) et de prostituées avaient été ainsi déplacées vers le Canada et le Québec et l'honnête taillandier avait craint que sa jeune débauchée de fille ne fût de ce voyage forcé. En fait, la rumeur n'avait pas de fondement et on le rassura même en lui laissant entendre que les occupantes de la correction n'avaient rien à craindre à ce sujet. Seules les prostituées professionnelles du commun, généralement transférées de la prison de Saint-Martin, pouvaient être concernées par un tel décret dans l'hypothèse où il s'avérerait.

L'homme poussa le battant en bois de son échoppe et trouva son fils affairé sur la lame d'acier large et plate d'une bêche. Sans un mot, il gagna le premier étage où se situait le logement familial et appela son épouse. Du rez-de-chaussée, son fils interrompit son travail et lui cria que la mère était allée aider Catherine Lamarre dans son accouchement. L'homme redescendit, traversa la rue et se rendit dans la boutique du tonnelier. Il lui tardait d'annoncer à sa femme la bonne nouvelle concernant leur fille cadette. Mais à peine eut-il poussé la porte de la boutique que le tonnelier lui tomba dans les bras, hurlant à s'époumoner : « C'est un garçon ! C'est un garçon ! » Il était un peu plus de quatre heures de l'après-midi, ce 17 novembre 1693. Louis-Dominique Cartouche venait d'entrer dans le monde des vivants.

Ce matin-là, Londres avait tendu par-dessus les toits un immense drap couleur gris souris, tandis qu'un crachin huileux pénétrait jusqu'aux os les rares passants matinaux. Bien que l'on fût en plein mois d'avril, on se serait cru plus proche de l'hiver que du printemps.

Au troisième étage d'un immeuble situé dans le quartier de Saint-Gilles-aux-Champs, un jeune homme de vingt-trois ans, blond, de fort belle allure, s'apprêtait à se rendre à ce qui aurait pu être son ultime rendez-vous si la providence ne lui avait déjà réservé un fauteuil pour un tout autre dessein. Mais cela, bien entendu, il l'ignorait.

Quatre jours après son anniversaire, ce gentil-homme élégant allait se battre en duel. Une affaire d'honneur. Autrement dit, une banale histoire de deux hommes et d'une femme. Les témoins du jeune dandy étaient passés le prendre à son domicile et le fiacre roulait inexorablement vers le lieu où se joueraient la destinée de l'un et la fatalité de l'autre. Cet autre, à propos, un certain Edward Wilson, vingt-six ans, s'était octroyé une liaison avec la maîtresse du premier. La réparation se ferait sur le champ, au pistolet. Une heure plus tard, en ce 25 avril 1694, l'affaire était réglée. Edward Wilson fut mortellement blessé par son rival lequel fut arrêté quelques heures après par la police londonienne.

Au cours du procès qui s'ensuivit, les parents du défunt (fort bien en cour) réussirent à persuader le roi que cette affaire de femme masquait en réalité une histoire d'argent. L'accusé (fils d'un riche orfèvre écossais décédé en 1683), qui avait dilapidé la fortune paternelle dans des paris douteux et des jeux de hasard, aurait emprunté une importante somme d'argent au fils Wilson et n'aurait pas voulu la lui restituer. Le jeune Edward l'aurait alors sommé de réparer le préjudice et l'autre, l'élégant séducteur, l'aurait froidement abattu. Le roi avala la couleuvre des époux Wilson et, dans un premier temps, le tribunal de sa majesté condamna le duelliste à mort. Finalement gracié, il fut enfermé à la prison de King's Bench d'où il s'évada en janvier 1695.

Ainsi, vingt-quatre ans après sa naissance, survenue le 21 avril 1671 à Édimbourg, le destin de John Lawson, fils de William Law-Lauriston et de Jane Campbell, s'était trouvé définitivement scellé. L'argent, clef de voûte de son existence, paradigme de sa philosophie, allait le poursuivre le reste de sa vie. Car cet obsédé de la martingale tous azimuts était avant tout un adepte du jeu à haut risque qui avait parfaitement assimilé que les affaires, les vraies, se font toujours avec le bien d'autrui. Injustement condamné dans une histoire où l'argent n'entrait pour rien, John Law allait prendre sa revanche. Il suffirait pour cela de donner du temps au temps. Il ne doutait pas une seconde que son heure viendrait. En attendant, il partit se réfugier dans le Sussex avant d'embarquer pour le continent et, plus précisément, pour la France... et Paris où François Marie Arouet, fils d'un notaire au Châtelet, venait de voir le jour.

À Paris justement, la prime enfance de Louis-Dominique Cartouche eut pour principal décor le quartier de la Courtille. Comme tous les garçons de son âge, il hanta ses lieux traditionnels. Les cabarets et tavernes que fréquentait son père, Jean Cartouche, le tonnelier de la rue du Pont-aux-Choux ; les guinguettes où l'on se rendait en famille pour boire, se balancer et danser. Peu à peu, le jeune Louis-Dominique élargit son territoire : de la rue de la Folie-Méricourt au faubourg Saint-Denis, de la rue des Récollets à la porte du Temple, il débusqua un à un tous les coins et recoins des multiples cadres populaires.

C'était une époque excessivement dure pour les plus démunis. La disparition de Jean-Baptiste Colbert n'empêchait pas le mercantilisme de continuer à battre son plein. Hardiment, ses successeurs assuraient déjà le changement dans la continuité. Les employeurs avaient exigé et obtenu la journée de seize heures ; des confréries de défense d'ouvriers et de compagnons prenaient concrètement corps ; la révolte couvait et grondait dans les campagnes comme dans les villes ; le système du profit absolu jetait à la rue des milliers de vagabonds pendant que la bourgeoisie commerçante, qui n'en était qu'à ses balbutiements, tentait de se rallier le monarque omnipotent. L'ogre manufacturier, l'un des trois angles aigus de la politique économique colbertiste (avec le protectionnisme et le colonialisme), avait ingéré des dizaines de milliers de travailleurs sans distinction d'âge ou de sexe. Avant le labeur, on devait obligatoirement se rendre à la messe, durant le travail on était contraint de se taire ou d'entonner des cantiques ; on risquait le fouet ou le carcan en cas de faute professionnelle et la prison voire les galères pour cause de rébellion. Parmi les plus célèbres manufactures qui exploitaient sans vergogne ce sous-prolétariat analphabète et dénué de droits, on relevait celle des Gobelins (spécialisée dans les tapisseries), celle du faubourg Saint-Antoine (qui se consacrait au polissage des glaces), celle du faubourg Saint-Germain (qui traitait les draps d'or). Lors de la terrible disette de 1693, le roi consentit à faire distribuer du pain pour calmer la colère de tout un peuple affamé. Le chômage était de règle, la montée des prix également.

Pour payer les coûteuses dépenses de la énième guerre décrétée par Louis XIV, de nouveaux impôts étaient venus s'ajouter aux anciens toujours en vigueur. C'est ainsi qu'à la taille et à la ferme vinrent se greffer la capitation puis le dixième qui n'était autre qu'un impôt sur le revenu. Car tel que le formula l'écrivain anglais Charles Davenant, à la fin du XVIIe siècle : « De nos jours, tout l'art de la guerre se résume à l'argent ; et de nos jours, le prince le plus capable de nourrir, d'habiller et de payer son armée, même s'il ne dispose pas des troupes les plus vaillantes, est certain du succès de la conquête. » Dans toutes ces guerres d'usure et d'usuriers, l'État français appliqua à la lettre le principe colbertien de détournement des richesses nationales au seul profit du complexe militaro-mercantiliste. Jean-Baptiste Colbert, qui s'était vanté en son temps de vouloir affamer les ennemis du royaume (et plus particulièrement l'Espagne, l'Italie, l'Allemagne, l'Angleterre et la Hollande, excusez du peu !) trouva en Louvois, Pontchartrain et Chamillart des héritiers qui portèrent la faim au ventre même de la France cependant que sur d'autres fronts intérieurs la répression demeurait le maître mot.

Si en 1694, la Sorbonne avait demandé en vain que l'on refusât l'absolution aux acteurs et aux musiciens qui les accompagnaient de même qu'à l'afficheur des spectacles, trois ans plus tard, en revanche, Louis XIV chassa en personne les comédiens italiens de l'hôtel de Bourgogne. Leur troupe avait eu l'impudence de faire représenter *La Fausse Prude*, une pièce dans laquelle Madame de Maintenon était quelque peu malmenée. À cette occasion, la mère du futur Régent nota dans son *Journal* : « Ils avaient, paraît-il, représenté la vieille guenipe de la façon la plus drôle. J'aurais bien voulu voir cette comédie, mais je n'y allai pas de crainte que la vieille dît au Roi que c'était moi qui avait mis la chose en train pour lui faire pièce. » Quoi qu'il en soit, les Italiens furent sommés de boucler leurs malles et de quitter le royaume.

Côté police, tout a été conçu pour la surveillance et la punition. Depuis l'édit du 15 mars 1667, les forces de l'ordre en place sont successivement chargées de la réglementation des gens de métier, de la circulation des marchandises, du respect de la loi, du ravitaillement de la ville, de la propreté et de l'hygiène. Quant aux mendiants et aux vagabonds, ils sont irrémédiablement pourchassés et enfermés. C'est à cela, en particulier, qu'a servi l'ouverture de l'Hôpital Général, le 7 mai 1657 et que Michel Foucault a si justement désigné comme « le Tiers-ordre de la répression ». « Voulons et ordonnons que les mendiants valides et invalides, de l'un et l'autre sexe, soient enfermés dans un hôpital pour être employés aux ouvrages, manufactures et autres travaux ; faisons très expresses inhibitions et défenses à toutes personnes [...] de mendier dans la ville et les faubourgs de Paris [...] à peine du fouet contre les contrevenants pour la première fois, et pour la seconde fois des galères contre les hommes et les garçons et du bannissement contre les femmes et les filles. » Sur les quarante mille mendiants qui déambulaient dans les rues de la capitale, observe Jacques Hillairet, cinq mille se présentèrent au jour dit pour être bouclés. La plupart des autres furent raflés sans ménagement et expédiés en prison ou aux galères. Un petit nombre réussit à échapper aux rafles et s'enfuit dans les provinces. En quelques semaines, le pouvoir central avait atteint son but : rendre la misère invisible tout en la maintenant comme un faix permanent sur un peuple à bout de souffle.

C'est dans ce contexte difficilement occultable que grandit Louis-Dominique Cartouche et le 12 mars 1699, tandis qu'il se trouvait dans la boutique de son père, le récit d'une exécution par un client de passage fit grand effet sur le gamin des rues. Accusé d'avoir voulu faire assassiner son mari, une certaine femme Tiquet avait été décapitée ce

jour même à la hache, en place de Grève. Alors que
la charrette qui la conduisait au supplice passait
sous l'arcade Saint-Jean, l'orage avait éclaté. Un
orage si violent que la condamnée dut demeurer
dans sa charrette plus d'une demi-heure avant que
sa tête ne soit enfin posée sur le billot. Le Sanson de
service s'y reprit à trois fois avant de la décoller du
corps. Malgré l'intempérie, la foule était compacte.
On avait entendu des murmures de réprobation se
mêler aux soupirs d'effroi. Le client du tonnelier
avait tant et si bien saupoudré le tableau de cette
exécution et la maladresse du bourreau de détails
croustillants que le jeune Louis-Dominique en fut
à la fois apeuré et révolté. Confusément, dans
l'esprit de cet enfant de six ans, la suppliciée
apparut à ses yeux comme une héroïne et le tourmenteur juré du roi comme un infâme verrat.
Plusieurs nuits durant, il vit en rêve un visage de
femme intact posé sur un billot ruisselant de sang.
Chaque fois, il se réveillait en criant, fiévreux,
couvert de sueur, et sa mère devait venir le lever de
sa paillasse et le rassurer avant qu'il ne recouvrît un
semblant de calme. Un temps, on le crut même
souffrant, atteint d'un mal mystérieux, car cet
enfant qui courait à tout moment et dans tous les
sens s'était subitement replié sur lui-même, restant
des heures entières comme prostré dans la boutique
de son père et se laissant même instruire l'alphabet
et le catéchisme par le curé de la paroisse qu'il
fuyait comme la peste quelque temps auparavant.
Un beau jour, toutefois, la crise s'estompa. L'enfant
reprit de l'ardeur aux jeux et à l'aventure et ce
mal mystérieux qui l'avait plongé dans une torpeur
peu ordinaire sortit de lui comme il y était entré. Il
abandonna presque aussitôt les consonnes, voyelles
et autres prêchi-prêcha de l'homme de Dieu pour

suivre à nouveau son père dans ses livraisons,
notamment lorsque celui-ci se rendait, avec sa
charrette à bras, rue Garancière, car il se trouvait là
une fontaine autour de laquelle nombre de femmes
caquetaient tout en lavant leur linge. Ce n'était pas,
tant s'en fallait, la seule fontaine de ce type que
possédât Paris puisque l'ancien et premier lieutenant général de police avait créé une multitude de
points d'eau de cette sorte dans la capitale, mais
c'était de loin celle que le jeune Louis-Dominique
préférait, encore qu'il ne les eût pas toutes vues.

En Cévennes, la révolte qui couvait depuis
quelque temps déjà, c'est-à-dire depuis les persé-
cutions systématiques à l'encontre des protestants
languedociens, avait éclaté en 1702, parallèlement
à la guerre de Succession d'Espagne. Deux années
durant, ceux que l'on appelait les Camisards (parce
qu'ils portaient une chemise blanche par-dessus
leurs vêtements pour se reconnaître entre eux lors
des opérations de nuit) avaient mené la vie dure aux
troupes régulières. La veille de la Noël 1702, leur
chef suprême, Jean Cavalier, avait défait la garnison
d'Alès et, trois jours après, ses hommes s'étaient
emparés pendant plusieurs heures de la ville de
Sauve. Mais malgré les nombreux coups d'éclats, les
Camisards s'étaient mis à subir des revers trop
importants pour pouvoir espérer triompher des
armées royales. La victoire à plates coutures du
même Cavalier dans le canton de Vézénobres n'avait
pas suffi à effacer les défaites successives et les
lourdes pertes en vies humaines. Le 28 mai 1704,
beaucoup de combattants abandonnèrent leur chef.

Cinq mois plus tard, les derniers meneurs déposè-
rent les armes. Cependant, quelques foyers subsis-
taient...

Ce fut l'année même de la naissance de François-
Antoine Cartouche, frère de Louis-Dominique,
que se joua le destin de celui-ci. En août 1705, lors
de la foire de Saint-Laurent...

Moins huppée que celle de Saint-Germain, cette
foire possédait un enclos rue du Faubourg-Saint-
Denis au sein duquel, note Jacques Wilhelm, « les
religieux avaient construit des boutiques et des
loges qu'ils louaient aux marchands. Ils y bénéficiaient de franchises commerciales [...] À côté de
poteries et de verreries, on y trouvait aussi des
curiosités de prix et tout spécialement des porce-
laines en provenance de pays lointains. »

Ce que Louis-Dominique appréciait le plus, en
dehors de tous les objets exotiques, c'étaient les
saynètes à jargons ou à écriteaux interprétées par des
forains qui, n'ayant pas le droit de dire les textes en
français intelligible, transformaient leurs répliques
en argot ou les inscrivaient directement sur des
pancartes conçues à cet effet. Il y avait également
d'étonnants spectacles de marionnettes qui fasci-
naient autant les enfants que leurs parents.

Cette année-là, Catherine Lamarre, la mère
de Louis-Dominique, n'avait pu se rendre à la foire
à cause du petit François-Antoine. Le jour de
l'ouverture, Jean Cartouche avait accompagné son
jeune fils âgé de douze ans mais le garçonnet profita
de ce que son père avait rencontré un ami pour
s'éloigner. Jean Cartouche ne s'inquiéta pas outre
mesure car ce n'était ni la première fois que Louis-
Dominique disparaissait ainsi de sa vue ni qu'il
parcourait seul l'enclos du faubourg par temps de
foire. Il y avait une taverne, rue Saint-Martin, que

son fils connaissait bien pour y être allé chercher son père à plusieurs reprises. Louis-Dominique les y rejoindrait certainement. Le fait est qu'au sortir de ce lieu de vie, rempli aussi bien de mouchards que de prostituées, Jean Cartouche et son compagnon, à peine éméchés, ne se rappelèrent pas du gamin et c'est sans lui que le tonnelier regagna la rue du Pont-aux-Choux, au grand dam de son épouse qui le traita de tous les noms.

En vérité, Jean Cartouche n'était pour rien ou presque dans la disparition de son fils. Quand il s'était éloigné de son père, en cette fin d'après-midi de la Saint-Laurent, ce n'était pas uniquement parce qu'il ne goûtait guère la compagnie de l'homme que Jean Cartouche tenait en grande estime pour l'avoir connu lorsqu'il était soldat près de Neerwinden. C'était davantage parce qu'il avait repéré une étrange fillette aux cheveux noirs, à la silhouette longiligne et dont les yeux vert d'eau mangeaient tout le visage...

Quoique plus jeune que lui d'une année ou deux, elle le dépassait d'une bonne demi-tête car Louis-Dominique n'était pas très grand. Souple, félin, débrouillard, malicieux mais d'une taille inférieure à la moyenne des enfants de son âge. La longue robe chamarrée de la gamine, serrée à la taille par ce qui aurait pu être une embrasse de rideau, brillait comme de l'or et avait fini de le conquérir. Il l'avait suivie, attiré comme par un aimant.

Depuis un moment déjà, ils étaient sortis de l'enclos et remontaient la rue Saint-Denis vers le carré des Halles, quand il eut juste le temps d'entrevoir la fillette rafler en douceur la bourse d'un gros homme, débordant de lard et de sueur, trop occupé à discuter le prix d'une passe à une jeune barboteuse blonde pour s'apercevoir de quoi que ce soit. De toute manière, eût-il été attentif qu'il ne se serait aperçu de rien tant le geste fut commis avec une habileté diabolique. C'est à peine si Louis-Dominique, qui ne quittait pourtant pas des yeux la gamine, avait pu remarquer le délestage. Quelques minutes après, alors qu'ils entraient rue de la Cordonnerie, ils purent entendre les glapissements du gros type hurlant tout son saoul : « Au voleur ! Au voleur ! On m'a tiré la bourse ! »

À cet instant précis, Louis-Dominique Cartouche faillit bien prendre ses jambes à son cou. Il fixa la fillette qui cheminait à cinq ou six pas devant lui et constata qu'elle continuait d'avancer à la même allure. Peut-être même avait-elle légèrement ralenti car il lui sembla alors qu'il s'en était quelque peu rapproché. Dans son dos, la voix de rogomme du gros lard se rapprochait. Louis-Dominique s'attendait à être saisi au collet d'un moment à l'autre, arraché du sol et secoué comme un prunier, mais il n'en fut rien. Non seulement le bonhomme les dépassa en gigotant et braillant comme un porc à l'équarrissage, mais la fillette s'était même arrêtée pour lui céder docilement un peu de passage au milieu des badauds étonnés ou amusés.

Louis-Dominique n'avait pas vu la fillette s'arrêter et il faillit la heurter de plein fouet. Il se retrouva à quelques centimètres seulement de ce visage ovale aux traits fins, à la peau mate, et sentit une petite main se glisser entre ses doigts. Il n'osa esquisser le moindre geste de recul et se laissa entraîner sans un mot. La nuit était prête à tomber.

Entre la rue Montorgueil et la rue Saint-Sauveur, se tenait (il y a peu encore) la très fameuse cour des Miracles. C'était un abcès dans Paris que le roi voulait crever avant qu'il ne suppure davantage et que ses trente mille mendiants et criminels endurcis ne se propagent plus avant dans la capitale.

Par l'édit du 15 mars 1667, dit de Saint-Germain-en-Laye, Louis XIV avait créé une charge de lieutenant général de police. Colbert avait aussitôt défini les contours de sa fonction : « Il faut que notre lieutenant de police soit un homme de simarre et d'épée, et si la savante hermine du docteur doit flotter sur ses épaules, il faut aussi qu'à son pied résonne le fort éperon du chevalier ; qu'il soit impassible comme magistrat et comme soldat ; qu'il ne pâlisse devant les inondations du fleuve et la peste des hôpitaux, non plus que devant les rumeurs populaires et les menaces des courtisans. » Vaste programme dont eut à s'acquitter le premier d'entre eux, un Limougeaud de quarante-deux ans : Gabriel Nicolas de La Reynie.

L'une de ses premières tâches fut de déblayer la cour des Miracles. À l'aube d'une journée de 1668, écrit Marcel Le Clère, « il s'y présenta lui-même avec des sapeurs, cent cinquante soldats du guet, un demi-escadron de la maréchaussée, un commissaire et dix exempts. À son arrivée, la population entière de cette sentine prit les armes et des pierres commencèrent à être lancées. » Alors La Reynie s'avança, réclama et obtint le calme puis offrit aux mendiants et aux truands de déguerpir par trois brèches que ses artificiers pratiqueraient dans l'une des murailles qui ceignaient le repaire. « Je pourrai vous punir, leur dit-il, mais je préfère vous pardonner. Les douze derniers paieront seuls pour tous les autres. » Et il leur donna trente minutes.

Ce furent dix de trop. En un peu plus d'un quart d'heure, tout ce que l'endroit comptait de bandits, de vagabonds et même de grabataires avait fui. Quand la troupe donna l'assaut, il n'y avait plus âme qui vive à l'intérieur de ce ressui. La Reynie n'eut plus qu'à ordonner la mise à sac du lieu et la destruction totale de ses murailles.

Ce fut très précisément dans cet endroit au passé chargé que Dorina, la petite romanichelle d'origine moldave, conduisit Louis-Dominique en cette soirée du 14 août 1705 : sur le parvis de l'église Saint-Eustache où les attendait une femme d'âge mûr flanquée de deux enfants en bas âge, sales et dépenaillés. Au moment où ils y arrivèrent, la nuit enveloppait déjà la capitale.

Le jeune Cartouche se dit qu'il ne couperait pas à un sermon de sa mère et à quelques calottes de son père dès qu'il aurait rejoint le foyer familial. Mais la petite main de Dorina étreignit une nouvelle fois la sienne, juste pour lui éviter de penser plus loin. La femme d'âge mûr était en train de soupeser la bourse que venait de lui remettre la fillette et, sans même en vérifier le contenu, la fit disparaître dans les plis d'une de ses trois ou quatre jupes. Elle avait l'air satisfait. Puis ses yeux sombres s'enfoncèrent dans ceux du garçonnet et ne le lâchèrent qu'au bout de longues minutes que Louis-Dominique prit pour des heures. Il ne se décida à remuer que lorsqu'il sentit que Dorina lui secouait fermement l'épaule. La femme d'âge mûr au regard incisif et ses deux enfants en bas âge n'étaient plus déjà que trois ombres, loin devant eux.

Chaque fois qu'il avait observé son tonnelier de père creuser un orifice dans la douve d'une cuve, confectionner et placer un robinet à la base d'un fût ou, plus généralement, travailler le matériau brut avec tout un tas d'instruments appropriés pour lui donner la forme et le volume requis, il s'était dit et répété que ce travail-là requérait trop d'habileté et de précision et qu'il avait beau aimer l'odeur du bois, il n'y arriverait jamais. Il ne savait pas, alors, que le métier de voleur exigeait beaucoup plus d'adresse encore. Cependant, il montra de telles dispositions que les bohémiens qui l'avaient pris en charge ne désespérèrent pas de voir ce petit poulbot devenir, sinon l'égal des leurs, tout au moins un tireur respectable.

On le confia d'abord au vieux Georghi, le patriarche de la troupe, qui lui apprit les rudiments du métier. Puis José, un Andalou de trois ans son aîné, enrôlé comme lui quelques mois plus tôt, l'initia aux tours de cartes. Dorina, enfin, perfectionna son éducation. Ce furent les jours les plus heureux de sa vie de gitano même si, Ion (un Moldave comme Dorina) montrait à son encontre les signes d'une jalousie exacerbée. Une bagarre éclata un soir, autour du feu de camp, entre les deux garçons, et Louis-Dominique surprit sa famille adoptive par son courage, sa souplesse et sa ruse. C'est tout juste si Ion réussit à s'en sortir sans perdre trop la face. Il en voulut davantage encore à Louis-Dominique mais celui-ci vit bien à l'expression de son regard, où la haine se mêlait à la crainte, qu'il était maté. Par ailleurs, on l'avait déjà lâché dans le grand bain. D'abord aux côtés de Dorina puis sans elle, chacun pour soi et tous pour la petite troupe. La première fois, en sa compagnie, ce fut au marché Maubert. Un jour inoubliable car il obtint un baiser fougueux de Dorina pour la tabatière et la bourse qu'il avait subtilisé sans coup férir à deux cobayes involontaires. Il y eut quatre

autres fois encore avec Dorina jusqu'au jour où il dut opérer seul, deux gamins englués à ses basques pour le cas où il aurait fallu faire diversion et aussi, un peu, pour le surveiller. Mais cette dernière précaution s'avéra inutile. Au-delà de ses qualités naturelles pour le métier de voleur, Louis-Dominique démontra aussi ses sentiments de fidélité et, dans son genre, d'honnêteté. Et puis, il y avait Dorina...

Cette année-là, au demeurant, la nuit s'étira cinq longs mois interminables. Une nuit glaciale qui multiplia les morts de froid et de faim. La Seine gela jusqu'à son embouchure, la Provence perdit la plupart de ses récoltes et un peu partout en France, indigents et bétail périrent sur place. « Les pauvres nous assiègent de toutes parts, notait de Mircourt à l'attention du contrôleur des Finances. Ils troublent le repos de la nuit par des cris et des sanglots qu'ils n'interrompent que pour expirer. Paris n'est plus qu'un théâtre d'horreurs. » Paris, certes, mais aussi l'ensemble du pays. On assista à de multiples pillages de couvents et de granges où l'on savait trouver des stocks de réserve. L'État ne parvenait plus à assumer le ravitaillement. Prise entre les glaces de l'hiver et la fonte du printemps, la machine royale parfaitement insouciante et inadaptée laissa périr des dizaines de milliers de sujets. À Versailles, disait-on, le vin gelait dans le verre du roi. Mais il y avait encore du vin. Ce n'était pas le cas partout où l'on se nourrissait comme on pouvait de chats, de racines, d'herbes bouillies et de rats, quand on en trouvait encore. Les confréries caritatives se multipliaient sans pouvoir faire face. Les loups pointaient leurs museaux hors des forêts, les émeutes menaçaient aux portes des villes…

Comme se plaisait à le ressasser Louis XIV, et tel qu'il l'avait écrit dans ses *Instructions au Dauphin* : « Les peuples se plaisent au spectacle. Par là, nous tenons leur esprit et leur cœur, quelquefois plus fortement que par la récompense et les bienfaits. » Or, les rogations étaient à elles seules un véritable spectacle. Une démonstration grandeur nature de ferveur collective dans laquelle chacun se sentait non seulement spectateur mais acteur. La plus célèbre d'entre elles était celle de Sainte-Geneviève et tout le monde, dans la capitale, se souvenait encore de la procession de 1694 qui avait été décidée par le prévôt des marchands pour conjurer la sécheresse. À peine achevée, la pluie s'était mise à tomber à seaux, comme par miracle. Pourquoi la famine ne serait-elle pas enrayée par de nouvelles rogations ?

Ce fut le roi qui en prit l'initiative. En quelques heures, l'archevêque de Paris, le curé de la paroisse approuvèrent et il ne fallut au Parlement qu'une demi-journée pour prendre l'arrêté *ad hoc*...

À Rouen où il séjournait avec la troupe de romanichels, Louis-Dominique Cartouche filait le parfait amour avec Dorina. Le couple pratiquait souvent ensemble maintenant et mettait à mal les biens précieux des imprudents qui croisaient leurs routes. Diseuse de bonne aventure, Dorina attirait les mâles comme le miel les mouches et, pendant que ses grands yeux vert d'eau charmaient ces messieurs et que leurs regards hésitaient entre les doigts experts qui maniaient les cartes et les deux fruits émouvants nichés dans le corsage de la belle adolescente, son complice les délestait paisiblement de leurs objets de valeur. Leur aurait-il subtilisé leur chemise qu'ils ne s'en seraient peut-être pas aperçus davantage ?

En 1710 se produisit dans la vie de Louis-Dominique Cartouche, âgé de dix-sept ans, sa première vraie fracture. Tombé malade à la suite d'une méchante grippe, il séjourna plusieurs semaines à l'hôpital de Rouen avec de forts accès de fièvre accompagnés de délires. Dorina vint le visiter à maintes reprises jusqu'à ce que le parlement de Normandie décide de prendre un arrêté d'expulsion contre les bohémiens. Tricarde, au même titre que tous les siens, et risquant la rafle et la prison ou la déportation, la jeune fille abandonna Louis-Dominique à son triste sort et suivit la troupe dans son exil. À sa sortie de l'hôpital, Louis-Dominique se retrouva seul et commença d'errer dans la ville. Après avoir parcouru tous les endroits qu'il avait fréquentés avec Dorina, il finit par hanter le port et ses quais. N'ayant plus de goût à rien, il se laissait descendre sur la longue pente, quémandant sa nourriture, implorant quelques marins de l'embarquer à bord d'un de ces vaisseaux aux lourdes voiles de toile grise qui larguaient leurs amarres pour des destinations lointaines et inconnues dont les noms faisaient rêver.

D'une taille toujours inférieure à la moyenne, Louis-Dominique n'en était pas moins un beau jeune homme. Le visage, quoique émacié par les suites de sa maladie et le manque d'aliments, avait gardé des traits fins et réguliers ; ses longs cheveux de jais accentuaient la pâleur de son teint et ses grands yeux noirs et vifs exprimaient toute l'intelligence et la malice qu'il portait en lui.

C'est sur un quai du port qu'un de ses oncles maternels le dénicha, par le plus grand des hasards, un après-midi de mai 1710. Cet oncle se trouvait à Rouen pour affaires. Bien que surpris de trouver son neveu, en haillons, avec des matelots hollandais, il le reconnut presque aussitôt. Il faut dire qu'ils s'étaient croisés à plusieurs reprises ces dernières années et si Louis-Dominique lui avait demandé des nouvelles de sa famille (apprenant qu'à son frère François-Antoine étaient venus s'ajouter un autre garçon prénommé Louison et deux sœurs, Charlotte et Antoinette), il lui avait fait promettre de ne pas révéler l'endroit où il se trouvait. Apparemment, l'oncle avait tenu parole et Louis-Dominique fut tout heureux de le rencontrer, ce jour-là, en ces temps de déveine extrême.

Son oncle le conduisit à l'auberge où il logeait, le força à prendre un bain, le fit épouiller des bestioles qui couraient sur son cuir chevelu, lui fit couper la tignasse et le revêtit de neuf. Sur quoi, ils firent un excellent repas arrosé d'un bon vin de Bourgogne. Le lendemain soir, ils discutèrent de son avenir...

Les cinq années qu'il venait de traverser avaient affermi son caractère. L'enfant qui avait fugué au soir de la Saint-Laurent en compagnie de la petite Dorina était devenu, par la force des événements, un adolescent trempé à l'école de la vie. L'apprentissage un peu particulier qu'il avait reçu de sa famille adoptive était loin de ressembler à celui que lui destinait son tonnelier de père mais il en valait bien d'autres. Coucher à la dure, emboucaner le chaland, parcourir les routes ne prédestinaient pas à une existence de tout repos mais regagner la Courtille et la boutique paternelle ne lui disait vraiment rien qui vaille. On ne se remet pas ainsi, du jour au lendemain, d'une aussi longue marge. Même s'il avait été avant tout un enfant des rues dans ce Paris populeux et qu'il aimait tant, les chemins de traverse de sa famille bohémienne l'avaient entraîné, au propre comme au figuré, trop loin du nid familial et de ses coutumes pour qu'il en retrouvât, d'un coup de baguette magique,

tous les avantages. De fait, il n'en discernait plus
guère que les inconvénients. Ses petits camarades
de jeu et d'espiègleries avaient grandi, pareil à lui, de
leur côté, tout comme ses frères et sœurs qu'il ne
connaissait pas. Lui-même avait tellement changé
qu'il se sentirait étranger parmi les siens. Il crai-
gnait aussi d'être déçu et surtout de décevoir. Il
savait déjà comment il serait accueilli : par les yeux
mouillants d'une mère silencieuse et quelques calottes
bien senties d'un paternel rancunier. Et puis, le
métier de tonnelier n'était pas fait pour lui. Il avait eu
cinq ans pour s'en convaincre définitivement. Il
voyait à peu près le genre de vie qui pouvait être la
sienne désormais et ce n'était sûrement pas celle
d'un fabricant ou d'un réparateur de cuves en tous
genres. Mieux valait vivre encore un mois comme un
lion que dix ans comme une chèvre.

Il n'expliqua pas cela en ces termes à son oncle qui
s'escrimait à lui faire entendre raison. Il se contenta
plus simplement de lui signifier qu'il n'était pas un
adepte du marteau ou de la doloire. Mais l'autre
insista tant et si bien que Louis-Dominique finit
par rendre les armes. Après tout, une fois sur place, il
aurait toujours le temps d'aviser.

Quinze ans après avoir quitté l'Angleterre à la
cloche de bois, le dandy John Law, âgé de trente-
neuf ans, avait parcouru un sacré bout de chemin.
En 1702, il s'était réfugié à La Haye avant de
revenir un an plus tard en Écosse, sa terre natale,
demandant à la reine Anne l'honneur de servir
l'Angleterre dans la guerre de Succession d'Espagne.
La cour rejeta sa demande mais cela ne le décou-
ragea pas. Dans la foulée, il commit un plan

d'économie, intitulé *De la Monnaie et du commerce*, qui fut lui aussi repoussé par le Parlement écossais et, malgré la protection d'un haut commissaire du gouvernement, il dut repasser sur le continent. Jetant de nouveau son dévolu sur la France de Petit Louis, on le vit fréquenter salons et tripots. Nous avions atteint l'année 1707. C'est à cette période que la route de l'intrigant fugitif croisa celle de l'abbé de Thésut qui lui fit connaître Nicolas Des Marets, seigneur de Maillebois, neveu de Colbert et contrôleur général des Finances. Law lui fit parvenir un mémoire sur la monnaie qui ne produisit aucun effet sur le serviteur de l'État. Contrairement à ce qui a pu être écrit, Law ne rencontra pas (à cette époque et en France tout au moins) Philippe, duc d'Orléans et futur Régent, puisque celui-ci guer- royait alors en Italie. C'est en Piémont puis à Gênes et à Venise que le fantasque Écossais va successi- vement séjourner en compagnie de sa maîtresse, Katherine Knowles, qu'il fera toujours passer pour son épouse légitime et de laquelle il aura trois enfants.

En 1712, on le retrouva en Hollande où il gagna gros au jeu des loteries et autres opérations spécu- latives. On le confondit, alors, avec un diplomate anglais, nommé John Laws, qui se trouvait en poste à La Haye entre 1708 et 1712, mais il n'y avait rien de commun entre les deux hommes.

Peu à peu, au gré de ses exils, John Law en vint à s'intéresser de très près aux affaires de banque, de taux de change et de méthodes d'escompte. Il étudia les divers fonctionnements des principales banques privées européennes et notamment celles d'Amsterdam, de Hambourg, de Venise, de Nuremberg, de Stockholm et il était mieux placé que quiconque pour savoir quel rôle la banque privée de Paterson à Londres ou celle de Hollande à Édimbourg avait joué dans le coup de fouet économique de ces deux pays... Il en vint à une triple conclusion : un, il fallait créer une banque royale d'État émettrice de billets convertibles en argent et en or ; deux, il fallait que ces billets soient libellés en écus ; trois, le seul pays susceptible d'accepter sa théorie serait une nation qui avait le goût du centralisme et dont le potentiel bancaire était archaïque et inefficace face aux puissances concurrentes. Ce pays existait. John Law y fréquentait même des gens bien placés.

C'est ainsi qu'en novembre 1713 il revint à Paris et acheta un hôtel particulier, place Louis-le-Grand. Le destin d'un aventurier de haut vol allait bientôt croiser celui de la troisième ou quatrième puissance mondiale. Et tous deux allaient se retrouver sur la paille...

Le retour de Louis-Dominique Cartouche dans le giron familial s'était déroulé très exactement comme il l'avait lui-même envisagé. À ceci près, qu'une fois rentrés dans Paris, son oncle avait été si peu certain de la réaction de Jean Cartouche qu'il avait préféré louer une chambre au jeune homme dans une auberge de la rue de Charenton, à quelques pas seulement de la caserne des Mousquetaires noirs qu'on avait aménagée en 1699 et qui faisait pendant à celle des Mousquetaires gris, construite dès 1671, entre la rue de Lille et la rue de Verneuil.

Louis-Dominique était resté là à attendre, partagé entre le désir de s'éclipser et la curiosité de voir ce qui allait se passer. L'oncle avait reparu plus de deux heures après en lui affirmant que tout était arrangé. Mais la longueur de la discussion traduisait son âpreté. Quand il avait poussé à son tour la porte de la modeste boutique paternelle, il s'était senti à la fois fier et penaud. Sa mère était en bas qui l'attendait avec ses frères et sœurs. Son père rabotait une pièce de bois. Il ne s'était pas retourné, continuant son ouvrage. Louis-Dominique s'était avancé vers sa mère et l'avait embrassé tendrement. Elle lui avait présenté François-Antoine (qu'il connaissait déjà mais qui avait bien grandi depuis la dernière fois) puis Louison, Antoinette et Charlotte. Enfin, il était venu se planter dans le dos de son père. Au bout d'un moment, Jean Cartouche avait consenti à poser son rabot. Ayant accompli un demi-tour sur lui-même, il avait scruté son fils d'un regard peu amène et s'était gratté le front avant de lui expédier deux vraies taloches, ce qu'il appelait « un aller-retour ». Louis-Dominique n'avait pas bronché. N'avait ressenti ni honte ni colère. Il avait simplement tendu le bras en écartant ses doigts. Le père avait regardé cette main tendue et avait fini par s'en saisir. La poigne était sûre et ferme. Ensuite, on n'avait pas tout à fait tué le veau gras mais on avait quand même un peu cassé la tirelire pour fêter le retour de ce fils prodigue. Cette nuit-là, Louis-Dominique Cartouche se mit en tête que jamais plus il ne manquerait d'argent. En attendant, il lui faudrait donner le change...

Et ce ne fut pas chose facile. Décidément, le métier de tonnelier ne lui convenait pas. Il l'avait toujours pressenti. Le soir venu, les mains de plus en plus calleuses, les reins en compote, il se laissait tomber sur sa paillasse, fourbu. C'est à peine s'il prenait le temps de s'alimenter, essayant malgré tout de faire bonne figure auprès des siens, lors des veillées. Il montrait des tours de cartes à son père, enseignait des mots d'argot à ses frères et sœurs parmi lesquels Louison et la petite Charlotte étaient les plus attentifs. C'est alors, qu'à nouveau, sa vie bascula.

On approchait de la Toussaint, en cet hiver 1711, quand un mardi gris son père lui commanda d'aller livrer trois tonnelets au cabaret du *Chat noir*, rue Aubry-le-Boucher, avec la charrette à bras. Louis-Dominique ne se fit pas prier. Les seuls instants de liberté qu'il pouvait goûter dans son travail étaient justement ceux passés en livraison dans les rues de Paris. C'est à bonne allure qu'il gagna l'endroit en question où l'on croisait essentiellement des lingères dont la plupart étaient jeunes et jolies. Il effectua son travail et le cabaretier lui offrit un verre de son meilleur bourgogne. En sortant de l'établissement par la cour pavée, il vit une de ces lingères aux prises avec un homme au teint rougeaud qui tentait de la séduire. Il l'avait enlacée et la mignonne essayait tant bien que mal de dégager sa taille et son corsage des gros doigts boudinés. L'un et l'autre se tenaient tout près de la charrette à bras. Cartouche aurait sans doute passé son chemin sans intervenir si, au moment précis où il se saisissait de la lanière de cuir pour la passer autour de son épaule, la fille n'avait violemment giflé le rougeaud, sautant simultanément à l'arrière de la charrette à la seconde même où Cartouche commençait de la tirer. Le poids de cette charge inattendue le stoppa net dans son élan, lui cisaillant l'épaule. Il retint de justesse un cri, lâcha les deux limons et laissa tomber la lanière. Le rougeaud s'approchait de la fille, menaçant. Cartouche contourna la charrette et vint se placer entre les deux antagonistes. En voyant cet adolescent mince, de petite taille, au visage encore enfantin, il le traita de « cul crotté » et partit d'un rire gras, rejetant sa tête en arrière. C'est l'instant que choisit Cartouche pour lancer son pied droit. Quand le visage du bonhomme retrouva sa position naturelle, il reçut la pointe du soulier en pleine mâchoire et tomba à la renverse, surpris tant par le choc que par la rapidité d'exécution de son adversaire. Cartouche ne lui laissa pas le temps de réagir. Son talon droit atteignit l'homme au foie et il redoubla d'un terrible coup dans la rotule avec son pied gauche. L'arrière-train du rougeaud s'en alla faire lourdement connaissance avec les pavés de la cour. On se pressait aux fenêtres des logements, dont la plupart tenait davantage de la lucarne, pour assister à ce singulier combat. On cria ses encouragements, on rit beaucoup aussi, on siffla enfin et l'on conspua le rougeaud lorsque, remis sur pieds, il battit en retraite, boitant bas, sans demander son reste. Une salve d'applaudissements accompagna Cartouche et la jeune lingère quand ils vidèrent à leur tour les lieux.

De retour à la boutique, ce jour-là, Louis-Dominique ne vit pas le temps passer et ressentit moins cruellement les courbatures qui endolorissaient ses membres et son dos à la fin de chaque journée de labeur. Dimanche, il avait rendez-vous avec Francette.

Avec son champ de boucles blondes autour de son visage rond, ses yeux gris ardoise, son nez légèrement retroussé, sa moue boudeuse, ses lèvres charnues, sa peau nacrée et sa taille de guêpe,

Francette était la plus jolie fille de Paris. Du moins, Louis-Dominique le pensait-il lui qui, exception faite de Dorina et de quelques boucaneuses du Quartier Latin et de la rue Saint-Denis, ne connaissait pas beaucoup d'autres femmes. Une de ces boucaneuses lui avait d'ailleurs appris certaines bonnes manières telles qu'on les pratique en société. Cela avait un peu étonné Cartouche jusqu'au jour où il apprit, par la maquerelle qui hébergeait ses passes moyennant finances, qu'elle avait été prise en train de s'adonner sous un porche à son exercice favori avec un passant et embarquée par le guet à Sainte-Pélagie d'abord, puis au couvent des Madelonnettes. Cette institution accueillait en effet les filles perdues de bonnes familles.

Francette, elle, occupait la profession de lingère et ne mangeait pas de ce pain-là. Encore que, très coquette, elle aurait pu se laisser aller pour quelques rubans, chapeaux et autres jupons dont elle raffolait littéralement. De surcroît, les nombreux galants qui lui tournaient autour (Cartouche avait dû en arraisonner deux) étaient tous plus richement dotés que Louis-Dominique dont le maigre salaire ne suffisait pas à sustenter les caprices dispendieux de sa belle. Depuis trois mois qu'ils étaient ensemble, il ne lui restait même plus une piécette pour aller lever le coude au cabaret de la rue Saint-Martin. Rien que la guinguette dominicale lui revenait les yeux de la tête. Sans parler des fanfreluches. Il commençait sérieusement à réfléchir sur sa condition d'apprenti-tonnelier confronté à une question sentimentale pour le moins onéreuse. La promesse qu'il s'était faite, la nuit même de son retour au bercail, lui retraversa l'esprit. Comme elle passait et repassait dans tous les sens, il se décida à lui donner une réalité.

Ce fut un jour de février 1712, rue Glatigny, dans l'île de la Cité, que l'occasion se présenta. Il venait de franchir la statue équestre d'Henri IV, trônant au milieu du Pont-Neuf, et il progressait entre les deux cents échoppes de planches dévolues aux valets de pied du roi quand il repéra la bonne affaire. Une sorte de jeune vieillard, petite chose sans âge, batifolait au bras de deux ravissantes créatures, aussi gai qu'un pinson. C'était juste ce qu'il fallait à Cartouche pour vérifier s'il n'avait pas trop perdu la main. Un instant, le visage de Dorina vint s'imprimer au milieu des visages de la foule et il songea qu'avec elle à ses côtés, l'affaire eût été dans le sac en un tournemain. Ce ne fut pas sans quelque appréhension qu'il s'approcha du trio. Le jeune vieillard semblait un rien éméché et les deux entretenues trop occupées à lui faire acheter ce qu'elles désiraient pour penser à l'impensable. Et la main de Louis-Dominique retrouva naturellement la dextérité acquise pour exprimer à gestes couverts toute l'envie qui le tenaillait. Il était déjà loin quand il entendit crier.

Ragaillardi par ce coup du destin, il ne s'en tint pas à cet acte isolé. Peu à peu, il remit la main à la pâte de façon systématique et professionnelle. Son père commença à se méfier lorsqu'il le vit porter des habits que ses gains d'apprenti-tonnelier ne l'autorisaient pas à s'offrir. De plus, sa belle était tout aussi richement parée. Surveillant d'un peu plus près ce fils faussement assidu au travail, il finit par découvrir le pot aux roses un jour qu'il le vit revenir d'une livraison. La cache avait été aménagée sous la paillasse, entre deux lames disjointes du plancher. Jean Cartouche y dénicha tout un tas de montres en or, de mouchoirs, de tabatières, de nœuds d'épées et un certain nombre

d'écus à faire pâlir d'envie l'arrière-fonds d'un rece-
leur. Cela suffit amplement à le convaincre. Le
tonnelier remit tout en place et s'en fut, dans
l'heure, demander à l'autorité compétente un
« ordre du Roi » qui l'autorisait à faire incarcérer
son fils à la renfermerie de Saint-Lazare.

Personne ne pouvait être « reçu » dans cette
prison sans une lettre de cachet du roi que les
familles elles-mêmes sollicitaient à la police. Les
moindres pensions étaient de six cents livres
annuelles, sur quoi on y était nourri (assez mal),
éclairé (de peu) et fourni en gros linge. Tous ces
délinquants ou supposés tels étaient confiés, note
Jacques Hillairet, « aux prêtres de la mission
chargés de les redresser et de les diriger sur une
meilleure voie. Leur prison se trouvait dans un des
grands bâtiments à trois étages construits par les
lazaristes de 1681 à 1684. Chaque étage était
traversé par un long couloir central sur lequel
ouvraient des cellules. Chaque jeune détenu disposait dans l'une de celles-ci d'un lit de sangle avec
matelas, draps et couverture, d'une chaise, d'une
table et d'un seau de toilette. Ces enfants ne se
voyaient pas, même à la chapelle où chacun d'eux
était placé dans une cage grillagée de façon telle
qu'il ne pouvait seulement apercevoir que l'autel.
Ils n'étaient connus que sous un nom d'emprunt, en
général celui d'un saint. »

Au jour et à l'heure convenus entre Jean
Cartouche et le père procureur, un carrosse de
louage s'arrêta devant la boutique du tonnelier.
La veille, Louis-Dominique avait été affranchi par
son père qu'ils devaient se rendre tous deux à Saint-
Lazare pour conclure une affaire de cinq cents
tonneaux. Le carrosse parut un tantinet superflu au
jeune Cartouche mais il s'abstint de toute remarque.

Cependant que l'attelage arrivait en vue de la prison, Louis-Dominique repéra une dizaine d'archers se tenant à distance respectable de la lourde et noire porte d'entrée. Cela, on ne sait pourquoi, le porta à la méfiance. Tandis que son père lui demandait d'attendre dans le carrosse et qu'il pénétrait dans la prison, le jeune homme ouvrit la portière qui donnait de l'autre côté de l'entrée et s'enfuit à toutes jambes. D'abord au domicile parental pour y rafler son magot et quelques vêtements, puis dans une auberge de la rue des Marmousets dont le propriétaire était un ami et dont l'adresse était inconnue tant de son père que de la belle Francette. Il venait d'entrer dans sa dix-neuvième année.

Si la guerre de Succession d'Espagne, qui battait son plein depuis douze ans, ne fut pas qu'une guerre dynastique mais aussi de stratégie économique, elle n'en fut pas moins livrée pour la cause d'un nouvel ordre mondial. Il ne serait pas juste d'ôter à Louis XIV ce qui lui appartient en propre : l'exécrable manie de guerroyer sur tous les fronts possibles. « S'agrandir, écrivait-il au marquis de Villars le 8 janvier 1688, est la plus digne et la plus agréable occupation des souverains. » Cette politique de la canonnière lui valut beaucoup plus de revers que de francs succès et porta plus souvent qu'à son tour un peuple au bord de l'abîme. Mais le résident de Versailles n'en avait cure. Ce qui lui importait, c'était moins le rayon d'action de la France proprement dite que son rayonnement personnel. Prestige et autorité de la couronne obligent.

À l'origine de cette guerre de Succession, une sombre cacophonie dans les cours d'Europe provoquée par le testament de Charles II d'Espagne qui, en mourant sans héritier, léguait tous ses États au duc d'Anjou, petit-fils de Louis XIV, à la condition que la monarchie espagnole ne subît aucune réduction territoriale et ne fût en aucun cas rattachée à la France. Louis XIV s'empressa dans un même mouvement de fouler aux pieds le traité de Ryswick (qui avait mis fin à la guerre de la Ligue d'Augsbourg) et de manipuler le testament de feu le roi d'Espagne, ce qui eut l'heur de déplaire à Guillaume III d'Angleterre lequel rassembla contre la France une nouvelle coalition composée, en plus de son pays, de l'Autriche, de la Hollande, du Portugal et de la Savoie. La France, elle, était soutenue par la Bavière et l'Espagne. Les rares victoires militaires n'empêchèrent pas les cuisantes défaites, tandis qu'à l'intérieur d'un royaume de plus en plus écourté sur ses frontières, disettes, révoltes, impôts nouveaux, chômage et flambées des prix se multipliaient. Les nombreux morts des champs de bataille nécessitaient un approvisionnement régulier en chair fraîche. Les volontaires ne se bousculant pas au portillon, il fallait susciter des vocations...

En ces temps-là, Louis-Dominique Cartouche, qui se faisait appeler Bourguignon depuis la fuite de la maison mère, avait quitté l'auberge de la rue des Marmousets pour un modeste garni sur le faubourg Saint-Victor, célèbre pour son marché aux chevaux. Il avait vue sur la Bièvre dont la course s'achevait dans la Seine, tout près de Bercy. On le voyait fréquenter avec assiduité le cabaret de *La Soupière*. La table y était correcte, le prix raisonnable.

Un soir de janvier 1713, il y fit la connaissance d'un sergent de l'armée régulière. Un vrai sergent en chair, en os et en uniforme et non, comme il le lui apprit, un des ces « passe-volants » que des capitaines peu scrupuleux des deniers publics engageaient de manière fictive pour engrosser la solde de leurs régiments et dont ils ne se servaient, en réalité, que pour les revues. Le sergent avait la descente facile et Louis-Dominique savait, lui aussi, lever le coude notamment à l'appel d'un bon bourgogne. Au bout de deux heures, les deux compères étaient comme des amis d'enfance. Un peu gris sur les bord mais très à tu et à toi.

C'est alors que le sergent proposa au jeune homme de devenir enrôleur bourgeois pour son compte. Cartouche dit Bourguignon, qui n'avait pas les idées très nettes mais qui voulait aussi se faire oublier, accepta aussitôt. Ils achevèrent leur nuit dans deux chambres du premier étage que le sergent tint absolument à régler et, dès le lendemain, se mirent en quête de candidats au métier des armes. « Le racolage, écrit Frantz Funck-Brentano, était encore la base du recrutement militaire [...]... Le recruteur et ses acolytes parcouraient les rues en brillant uniforme. Au bruit des tambours, au son éclatant des trompettes, ils paradaient dans les carrefours. C'était un bruyant et joyeux appel à tous les jeunes gens âgés de plus de seize ans, de toute qualité et de toute condition. Le recruteur avait recours à toutes les ruses, à la force parfois. Pareil à un charlatan de foire, il agitait sous le nez des passants une bourse de soie où tintaient les pièces d'or. Il était suivi d'une bande de soldats, gais compagnons, en habit à la française, avec parements rouges, culottes chamois bien collantes, chapeau tricorne bordé d'argent et cocardé de blanc.

Ces soldats portaient des piques au bout desquelles se balançaient des pains blancs, des bouteilles d'un vin vermeil et des oies rôties. »

Neuf jours durant, Cartouche et ses étranges complices parcoururent l'essentiel des rues de Paris. Chaque fois la stratégie était la même : le jeune homme suivait l'appât jusqu'au seuil d'un cabaret où le sergent avait établi son quartier général. On lui entrebâillait la porte, l'exhortant à entrer. Comme il hésitait plus ou moins, on lui promettait un bon repas fort bien arrosé qui lui donnerait le temps de réfléchir. Mais à peine avait-il franchi le seuil, qu'on le coiffait d'un casque de soldat l'invitant à boire à la santé du roi. Il était fait comme un rat.

Jusqu'ici, Louis-Dominique s'était acquitté avec certain bonheur de sa tâche. Mais ce midi-là, il ne revint au cabaret qu'avec quatre enrôlés au lieu des cinq fixés. Le sergent, qui l'avait à la bonne, lui confia qu'il ne lui en tenait pas rigueur. Il lui demanda simplement de l'aider à transporter le quatuor de novices à la Villette. Une fois arrivés, ils déjeunèrent princièrement et le sous-officier demanda à Cartouche de l'accompagner jusqu'à Meaux ou le bourgogne, comme lors de leur première rencontre, coula à flots.

Les quatre recrues étaient déjà sous la table quand la tête de Louis-Dominique se fit si lourde que son bras ne put plus la soutenir. Le lendemain, il se réveilla avec un mal aux cheveux d'autant plus mémorable qu'il se retrouva pieds et poings liés. Il se mit à hurler et à ruer jusqu'à ce que son « ami » le sergent ne fasse irruption dans la chambre pour l'informer qu'il était lui aussi recruté en remplacement du cinquième homme qu'il n'avait pu ramener. Du jour au lendemain, il fut consigné dans une de ces casernes inventées par le marquis de Louvois et il y subit, à côté de ses compagnons d'infortune, une instruction des plus rudimentaires. Ils attendaient tous d'être appelés au feu quand le traité d'Utrecht mettant fin à la guerre de Succession d'Espagne transforma Cartouche dit Bourguignon en soldat démobilisé.

À la sortie de ces quelques jours d'encasernement, Louis-Dominique fit la connaissance d'un nommé François-Louis Duchâtelet, écuyer-soldat aux gardes-françaises, engagé volontaire pour d'obscures raisons que notre homme mit sur le dos d'une histoire de cœur. Quoi qu'il en soit, ce Duchâtelet avec qui il se lia était issu d'une famille de gentilshommes. Il conseilla à Cartouche d'aller trouver de sa part le marquis de Saint-Abre et de se proposer comme laquais. Cartouche fut surpris par

cette offre mais l'autre lui expliqua tous les avantages qu'il y avait à exercer comme domestique sans compter les gens qu'il pourrait approcher car le marquis recevait beaucoup. Même s'il n'y restait pas, cela pourrait lui servir plus tard.

Cartouche dit Bourguignon admit qu'il y avait du vrai bon sens dans les propos de son nouvel ami et, une fois sur le pavé, après une semaine d'errance et une chaude alerte sur la personne d'un marchand auquel il avait voulu tirer la poignée de son épée, il décida d'aller sonner chez ce fameux marquis de Saint-Abre qui l'engagea sans tarder.

Devenu domestique (ce qu'il n'aurait jamais cru si on le lui avait seulement prédit), il consacra tout son temps libre à fréquenter les spectacles, les académies de jeu et les groupes de nouvellistes dans les cafés en compagnie d'un certain Joseph Mezolier, laquais comme lui, qui l'initia à ce nouveau monde. Doué pour tout ce qui concernait les épreuves d'adresse, Cartouche n'était pas en reste avec les cartes et les jeux de hasard. Toutefois, il ne s'agissait plus seulement de tours de magie. Si l'on voulait jouer, encore fallait-il respecter les règles à l'intérieur desquelles (cela va de soi) l'on pouvait tricher à qui mieux mieux. Peu à peu, il s'accoutuma au pharaon (ex-barbacolle), au piquet, à la bassette (surnommée « l'art de vieillir en peu de temps »), au coquange, à la brisque, au lansquenet (dont nous avait déjà entretenu Rabelais), au biribi, au trente-quarante, etc. Il se familiarisa dans la donne des cartes, apprit à les filer, empalmer et peler. Il jouait beaucoup, perdant peu et gagnant gros au détriment d'adversaires qui ne le prenaient pas toujours du bon côté. Tous trichaient, évidemment, et si Cartouche ne trichait pas plus que les

autres, il trichait simplement mieux. C'était là le
secret de ses gains qui finirent par agacer pas mal
de gens. Il se fit expulser de plusieurs académies et
le marquis de Saint-Abre, n'écoutant que la bonne
vieille rumeur, le mit à la porte.

Cartouche, qui avait de quoi voir venir, s'installa
dans un logement de la rue Saint-André-des-Arts
où il prit à son tour un laquais à son service. Là se
situe un épisode de sa vie qui aurait pu mettre un
terme à une carrière qui, par la suite, tint toutes ses
promesses. Son laquais, qui s'était mis en tête
d'imiter son maître et de posséder comme lui des
maîtresses entretenues, finit par taper un beau jour
dans le magot de Cartouche alias Bourguignon.
Quelques années plus tard, celui-ci se serait
contenté de corriger comme il se doit ce serviteur
impudent mais, pour l'heure, le bon Louis-
Dominique n'avait pas encore plongé dans les affres
de l'irréversible et sa façade de jeune homme bien
mis, ordonné et menant belle vie le poussa à
commettre l'erreur de porter plainte. Son laquais fut
entendu par le commissaire du quartier assisté de
deux inspecteurs et, se défendant bec et ongles, il
retourna l'accusation de voleur contre Cartouche qui
fut convoqué à son tour.

Une fraction de seconde, l'idée de déguerpir, de
ne pas répondre à « l'invitation » des policiers le
saisit tout entier mais il se ravisa et se présenta à
l'heure et au jour dits dans le bureau du commissaire. Ce matin-là, la roue de la chance tourna dans
le bon sens car le commissaire parut plus intéressé
par une histoire de duel dont Cartouche avait été le
témoin cinq jours auparavant que par cette affaire
de vol. Il lui demanda donc s'il était bien le
Bourguignon qui avait assisté à ce duel, faubourg
Saint-Jacques, non loin du bâtiment de

l'Observatoire, et Cartouche répondit par l'affirmative. Ne l'eût-il pas été qu'il aurait quand même fourni la même réponse. Au bout de quelques questions, on lui fit signer sa déposition et on le laissa repartir. Il en fut quitte pour une vraie frayeur.

Malgré tout, les choses n'en restèrent pas là. De mauvaises langues de son voisinage, ayant appris que son laquais avait déposé contre lui, commencèrent à médire à haute voix sur son compte. Les inspecteurs de police, dont la fonction principale consistait à surveiller lieux et personnes réputés suspects, travaillaient en relation étroite avec des indicateurs (le plus souvent souteneurs de prostituées) que l'on désignait du sobriquet de « mouches ». L'un dans l'autre, de rumeurs gonflées en mouchardages serviles, il revint aux oreilles du commissaire de quartier que ce Bourguignon-là semblait être un drôle de zèbre. Heureusement, il fut prévenu par l'une de ses entretenues et eut le temps de disparaître avant que la police ne lui mette la main dessus. Mais ce fut moins une et Louis-Dominique Cartouche sentit, pour la première fois, passer le vent du boulet.

Le 27 août 1715, c'est un Louis XIV à l'agonie qui rassemble ses proches et autres dignitaires du royaume pour leur confier que, selon toute probabilité, son neveu le duc d'Orléans va gouverner le pays. Deux jours après, n'écoutant que son courage, Madame de Maintenon (qui avait tout fait pour « casser » le duc d'Orléans) paniquait et bouclait ses malles pour Saint-Cyr, abandonnant le roi à son inéluctable sort.

Le vieux monarque avait encore eu assez de lucidité pour pressentir que son testament ne serait pas respecté à la lettre après sa mise en orbite pour l'éternité et que le duc du Maine n'y jouerait pas le rôle décisif qu'il aurait souhaité lui voir jouer. Sept jours plus tard, Louis XIV rendait l'âme. Il était huit heures quinze du matin, ce premier septembre, quand le grand chambellan prononça la formule séculaire : « Le Roi est mort. Vive le Roi ! »

L'enterrement eut lieu huit jours plus tard sous les lazzis et quolibets d'un peuple déchaîné qui avait replacé toute sa confiance sur le futur roi, alors âgé de cinq ans et que l'on surnommait déjà « l'enfant de l'Europe », ainsi que sur Philippe, duc d'Orléans, qui assurerait la Régence. Au terme de l'année 1715, le curé de Saint-Sulpice notait dans son registre paroissial : « Louis XIV, Roi de France et de Navarre, est mort le 1er septembre dudit an, peu regretté de tout son royaume, à cause des sommes exorbitantes et des impôts si considérables qu'il a levés sur tous ses sujets [...]. Ses dettes étaient si importantes que le Régent n'a pas pu ôter les impôts que ledit roi avait promis d'ôter trois mois après la paix, qui étaient la capitation et le dixième du revenu de tous les biens. » Le curé oubliait de signaler la taille qui grugeait uniquement les plus démunis car, de leur côté, la noblesse avait plus ou moins réussi à s'affranchir de la capitation et le clergé s'arrangeait peu ou prou pour se dispenser du dixième. Ce qui n'était pas le cas des classes paupérisées. Comme quoi le soleil, en ces temps-là déjà, ne brillait pas pour tout le monde.

Le fait est que la France était bel et bien ruinée. Il restait moins d'un million de livres dans les caisses alors que le règlement des seules rentes en

coûtait quatre cent mille par jour. Le déficit avoi-
sinait les quatre-vingts millions, la dette se montait
à près de trois milliards...

Dans son superbe hôtel particulier de la place
Louis-le-Grand, John Law attendait son heure.
Pour tromper le temps, il s'adonnait à ses plaisirs
favoris : les jeux de hasard et la compagnie d'actrices
à la mode. Nicolas Des Marets, le contrôleur général
des Finances qui, en 1707, n'avait même pas daigné
répondre à l'envoi de son mémoire, l'avait fait
quérir pour tenter le tout pour le tout face à la situation désastreuse de l'économie. Il avait même réussi,
disait-on, à convaincre le vieux roi. Bientôt, les
idées de John Law que, successivement, le
Parlement anglais, l'Empereur puis le duc de Savoie
avaient repoussé, allaient enfin être reconnues à
leur juste valeur par l'un des plus grands monarques
de l'époque. Mais Sa Majesté expira et le séduisant
Écossais se retrouva en carafe. Certes, il avait avancé
des pions, tant du côté du duc du Maine que dans
le camp du duc d'Orléans. Mais il faudrait tout
recommencer, perdre du temps, beaucoup de temps.
Trop peut-être.

Quand il apprit que Philippe avait réussi à faire
casser le testament royal à son profit par le
Parlement de Paris, il n'en mena pas large car il
pensait, à juste titre, que le Régent désignerait le
duc de Noailles pour présider aux destinées des
finances. Les deux hommes s'étaient croisés à
maintes reprises dans les salons où Law se taillait un
franc succès et jamais ils n'avaient réussi à se faire
bonne impression. L'affaire paraissait mal engagée.

En attendant, le grand argentier préconisait la
rigueur et le parler vrai. On profita donc de ce
que le futur Louis XV et sa cour eussent quitté
Versailles pour pratiquer des coupes sombres dans

le train de vie de son entourage. On institua une Chambre de justice pour contraindre les affairistes de tous poils à déclarer leurs bénéfices et à ouvrir leurs livres de comptes. On réduisit les budgets de la gendarmerie et de l'armée, les pensions des courtisans furent grevées de moitié et ce qui restait de la marine fut, si l'on peut dire, envoyé par le fond.

Devant toutes ces mesures qu'il considérait comme secondaires en l'état d'anarchie financière dans lequel se débattait la France, John Law fulminait. Ce qu'il fallait à ce pays, c'étaient des mesures appropriées à la gravité de la situation et non ces calculs d'apothicaires que le duc de Noailles et les siens appliquaient comme autant d'emplâtres sur une jambe de bois. On lui avait laissé entendre que le Régent étudiait le dossier qu'il avait, jadis, confié à Des Marets et qui avait fini par retenir l'attention du défunt roi. Qu'attendait donc le duc d'Orléans ? Était-ce le rapport de police dressé par le lieutenant général d'Argenson en personne qui le freinait dans sa décision ? On pouvait y lire, entre autres observations, cette phrase à la fois sibylline et peut-être mortelle : « Le sieur John Law a jusqu'ici parcouru l'Europe en jouant aux dés ; il en sait beaucoup trop sur ces sortes de jeux qu'il a lui-même acclimatés en France. » Ou bien était-ce l'hostilité ouvertement déclarée du duc de Noailles, voire la crainte devant une trop brusque nouveauté ? Lui, était totalement sûr de son fait. À la lumière des exemples d'autres pays, il avait eu beau tourner et retourner le problème dans tous les sens, il en était arrivé à la conclusion que de la force du stock monétaire et de sa propension à circuler rapidement dépendaient l'activité et la prospérité des États. Il estimait que l'on devait desserrer l'étau autour de la monnaie métal en la remplaçant par un papier-monnaie qui serait libellé en écus bancaires, lesquels seraient remboursés aux porteurs en monnaie du même titre et du même poids que les espèces déposées. Cela afin de régler, une fois pour toutes, la question des parités monétaires. « Le commerce et le nombre des peuples qui font la richesse et la puissance d'un État dépendent de la quantité et conduite des monnaies », avait-il écrit dans son *Mémoire* sur les banques. À cette idée fixe, s'ajoutait la filière du crédit...

Du côté du gouvernement, la bataille des pro-Law et des anti-Law faisait rage. Si Philippe d'Orléans était prêt à se laisser séduire, le rigoureux de Noailles croisait le fer avec les partisans de l'Écossais pour empêcher le Régent de céder au mirage. Réduire les dépenses de l'État et restaurer la confiance demeuraient ses seuls leitmotivs. Pour se faire une idée plus concise des choses, Philippe d'Orléans finit par convoquer John Law à Marly.

Louis-Dominique Cartouche avait jeté aux orties son faux nez patronymique de Bourguignon et récupéré son nom de naissance. Il logeait dans une chambre, rue du Roi-de-Sicile et continuait de ferrer le chaland et de le détrousser avec plus ou moins de bonheur. Quelquefois, la prise lui permettait à peine de se nourrir, d'autres jours, elle l'eût autorisé à voir venir s'il n'avait été plus cigale que fourmi. Mais les tentations du tripot et des maîtresses l'obligeaient à remettre en permanence son métier sur l'ouvrage. Car Louis-Dominique Cartouche résistait à tout sauf à la tentation.

On approchait de Noël et il avait neigé, l'avant-veille, sur la capitale. Une poudre molle qui n'avait pas tenu. Ce n'était pas pour déplaire aux autochtones car Paris, déjà impraticable en temps ordinaire, devenait franchement hostile après des averses durables. Les rues grouillantes de monde résistaient mal aux intempéries. Le terrible hiver 1709 était encore présent dans toutes les mémoires. Les quartiers populaires étaient bien entendu les plus périlleux de ce point de vue et aussi de bien d'autres. Une population pauvre, venue pour l'essentiel de la campagne, en quête d'emplois dans les manufactures, s'entassait dans des taudis insalubres, surpeuplés à dessein par des propriétaires pour qui la rentabilité restait le maître mot. « Ouvert sur la rue, écrit Arlette Farge, le logement l'est davantage encore sur celui des voisins, avec une promiscuité de tous les instants qui provoque les indiscrétions et les discordes [...]. Le logement et la rue se mêlent l'un à l'autre sans qu'on sache exactement où commence l'espace privé et où finit l'espace public. »

En cette fin de journée du 19 décembre 1715, Louis-Dominique Cartouche venait de franchir le petit pont qui conduisait à la rue Saint-Jacques quand il croisa un trio de gentilshommes fort bien mis de leur personne. Mine de rien, il se laissa distancer respectablement puis leur emboîta le pas. Parvenus rue Saint-Séverin, deux d'entre eux entrèrent dans un hôtel de renom dont le seuil voisinait avec celui d'un des plus célèbres rôtisseurs de la capitale. Le troisième poursuivit son chemin. Cartouche pressa un peu le mouvement à sa suite. Il savait déjà où poser ses doigts pour décrocher la bourse. Ce qui se produisit quelques secondes après, à la faveur d'une bousculade provoquée par deux chevaux d'attelage récalcitrants. Il n'eut même pas besoin de se presser pour s'éloigner du lieu de son forfait. Mais il avait à peine parcouru une vingtaine de pas, qu'il sentit l'emprise d'une main sur son épaule droite. Il se retourna vivement, prêt à se défendre.

L'homme qui se tenait devant lui le dépassait de deux bonnes têtes ; il était large aussi et puissant. Ses mains ressemblaient à deux battoirs. « Joli coup ! lança-t-il à l'adresse de Cartouche. Du beau travail, le boulinage de cette bourse. » Cartouche fit deux pas en arrière. « Si c'est ma bourse que tu veux, il faudra venir la chercher ! » répliqua-t-il sans se démonter. Mais l'autre éclata de rire. « Toi et moi, lui souffla-t-il, sommes de la même confrérie. Je t'invite à boire un verre, j'ai à te parler ! » Méfiant, Cartouche ne broncha pas. Et si ce grand type était de la police ? Ne serait-ce qu'une mouche ? Louis-Dominique soupesa le regard noisette du colosse. Un couple passa tout près d'eux. Cartouche eut à peine le temps d'entrevoir le geste. La tabatière paraissait minuscule dans la grosse main. Comment pouvait-on être aussi habile avec de pareils battoirs ! Cette fois, il fut convaincu. Ils changèrent de quartier, rejoignant la place Maubert par la rue Mouffetard.

Attablés devant une généreuse pinte de bourgogne, les deux compères discutaient d'une éventuelle association. L'homme s'appelait Galichon. Il était de vingt ans au moins l'aîné de Louis-Dominique. Le boulinage n'était pour lui qu'accessoire. Sa spécialité était l'éclectisme. Jusqu'à ces derniers mois, il avait travaillé avec deux acolytes. Les mêmes depuis trois ans. Mais ces deux aigrefins s'étaient mis en tête de jouer les monte-en-l'air chez un banquier de la place des Victoires. Galichon avait tout fait pour les dissuader car ce travail, pas plus qu'un autre, ne se satisfaisait de l'amateurisme. Toutefois, celui qui leur avait indiqué le coup les avait assurés de la réussite et le butin pouvait leur rapporter gros. Ils avaient, en effet, ramassé un bon maximum : vingt ans de galères. À peine avait-il eu connaissance de leur arrestation que Galichon s'était empressé de déménager en compagnie de sa femme et de sa fille. Ce qui n'avait pas été sans poser quelques problèmes de transport. Maintenant, Galichon et les siens vivaient dans un deux pièces de la rue du Bout-du-Monde. Et, comme son nom l'indiquait, ce n'était pas la porte à côté. Ils s'y rendirent après que Cartouche eut finalement accepté le partenariat proposé par Galichon.

C'était un logement obscur avec fenêtres sur cour situé au quatrième étage d'un immeuble douteux. Gertrude, l'épouse de Galichon, était aussi forte que sa fille, Mathilde, était svelte. Quant à l'appartement, il avait des allures de souk. La plus grande pièce croulait sous les objets disparates que Galichon avait emmagasinés. On y trouvait de tout : de la montre aux nippes, de l'épée aux aliments. Un véritable bazar. Louis-Dominique comprenait mieux pourquoi le déménagement précipité de la rue Saint-Bernard (dans le faubourg Saint-Antoine) avait posé quelques problèmes d'acheminement.

Cependant, l'indescriptible fouillis qui régnait en maître était trompeur. Le père Galichon était un voleur fort bien organisé qui possédait tout un réseau de revendeurs, principalement des cabaretiers et des aubergistes mais aussi des gens du guet et certain personnel domestique. Cartouche avait trouvé là de quoi élaborer une propédeutique.

Galichon lui expliquait sans cesse que le travail en solitaire ne valait rien. À leur manière déjà les romanos, avec qui Louis-Dominique avait fait un bout de route, œuvraient aussi en organisation. À cela, s'ajoutaient Gertrude et Mathilde Galichon. Une vraie famille. Encore que Mathilde n'ait jamais considéré Cartouche comme son frère aîné. Cette jeune délurée de seize ans osa sur sa personne des exercices pratiques à géométrie variable dont il n'avait même pas idée. Horizontalement, la petite Mathilde était une excellente affaire. Au début de leur liaison, il s'était demandé comment le père Galichon réagirait à la nouvelle. Mais le clin d'œil qu'il lança à son complice un matin que sa fille lui cherchait des noises parce qu'il n'était pas rentré de la nuit suffit à le rassurer.

Cartouche et les Galichon mirent tout en commun. L'amour, l'amitié et le produit de leurs larcins. Malgré le deux pièces empénombré, bruyant, inconfortable, c'était la belle vie. Il lui fallait remonter à Dorina et aux siens pour retrouver ce plaisir aussi diffus qu'intense, un peu trop communément nommé bonheur. Cela ne pouvait évidemment pas s'éterniser. Quand ce genre de bien-être débarque dans une vie, ce n'est pas que son ennemi héréditaire a renoncé à le contrarier. Non. Le malheur, pour ne pas le citer, a juste manqué le coche. En général, il arrive par le suivant.

Ce fut un jour du mois de juin 1716 qu'il frappa à la porte. Mathilde revint en pleurs à la maison. Son père s'était fait arrêter par les archers du guet. Elle se trouvait à quelques pas de lui quand cela s'était produit. Galichon avait un peu imprudemment tenté de s'approprier une garde d'épée sertie de diamants. Le propriétaire s'en était aussitôt aperçu et en avait appelé à la garde. Galichon s'était bien défendu, expédiant six archers à terre. Mais des renforts étaient accourus qui avaient fini par le maîtriser. Ils l'avaient conduit au Châtelet.

On attendit le verdict sans croire au miracle. Il tomba deux jours plus tard. Galichon était condamné à vingt ans de galères comme l'avaient été ses acolytes quelques mois avant lui. Cartouche demeura seul avec Gertrude et Mathilde jusqu'à la fin de l'été, puis les quitta. Sans le comprendre vraiment, il venait de croiser son véritable destin. Maintenant, la voie était tracée...

En 1697, la charge de lieutenant général de police, créée trente ans plus tôt, avait été rachetée par un dénommé Marc-René de Voyer de Paulmy, marquis d'Argenson. Son prédécesseur (Gabriel Nicolas de La Reynie) n'était mort qu'en 1709

mais il avait été un peu poussé sur la touche avant l'heure par Pontchartrain. De Marc-René d'Argenson, le duc de Saint-Simon avait établi ce portrait peu amène : « Une figure effrayante qui retraçait celle de trois juges aux enfers ; il n'y avait nul habitant dont, jour par jour, il ne sût la conduite et les habitudes... Courageux, hardi, audacieux dans les émeutes et par là, maître du peuple. »

La Reynie avait fait imploser la cour des Miracles, d'Argenson fut charger de mettre un terme aux activités du couvent de Port-Royal-des-Champs. La méthode fut expéditive. On y releva quelques religieuses en mauvais état et l'on détruisit même le cimetière où reposaient les restes de Jean Racine. La Reynie avait créé une multitude de points d'eau dans la capitale, essaimé les rues de lanternes qui avaient fait surnommer Paris la Ville-lumière; d'Argenson s'attela à constituer une police politique efficace, impitoyable. C'est à lui que Voltaire dut en grand partie son embastillement en mai 1717, et tant d'autres comme lui. Car la police de d'Argenson était partout. Jusques et y compris dans les appartements du roi puis du Régent. Rien ne lui échappait. Tout était rapporté, consigné, répertorié avec le plus grand soin.

Il quitta néanmoins sa charge en janvier 1718 appelé par le maître du pays à de plus hautes fonctions dont il se démit quelque temps plus tard. Un de ses fils lui succéda jusqu'en 1720. L'année suivante, la charge fut confiée à un certain Taschereau de Baudry, totalement oublié par l'histoire contrairement à ses prédécesseurs.

L'expérience Galichon avait conforté Louis-Dominique Cartouche dans l'opinion que le travail en solitaire partait souvent de rien pour conduire à pas grand-chose. Face à une police de mieux en mieux organisée, le métier de voleur se devait d'abandonner le stade artisanal. Il fallait appliquer au verrou répressif une toile d'araignée sans faille. Gripper la machine policière aussi bien de l'extérieur que de l'intérieur. Et non seulement cette machine-là mais également toutes les autres machines du système. Entrer, se fondre dans le moule, oublier sa marginalité pour se grimer aux couleurs de l'air du temps. C'est ainsi que de voleur, Louis-Dominique Cartouche devint brigand. Mais pas n'importe lequel. Non. Le plus célèbre et le plus redouté d'entre tous.

Les brigands, écrit Frantz Funck-Brentano, constituaient « un État dans l'État, une société qui [avait] son organisation particulière et qui [vivait] en hostilité déclarée au sein d'une société ennemie. » Cartouche s'appliqua à devenir un brigand dans le sens que l'on donna à ce mot à son époque. Chef de bande — recruteur surdoué, organisateur de premier plan — il allait lever en l'espace de quelques mois la plus redoutable organisation de malfrats qu'on n'ait jamais connue en France ou en Europe et faire trembler l'État sur son édifice.

L'aventure allait durer quatre ans : de 1717 à 1721. Elle aurait pu se poursuivre si l'un de ses complices, son plus fidèle lieutenant, le plus âpre et le plus déterminé même, ne l'avait donné à la police pour sauver sa vie.

DEUXIÈME PARTIE

La fille qui venait d'entrer dans la salle où se tenaient attablés une trentaine de convives ne devait pas compter plus de dix-neuf printemps. C'était une véritable rousse, pulpeuse, flamboyante, aux seins hauts et arrogants. Sa taille était mince et ses longues jambes paraissaient aussi souples que des lianes. Les deux serviteurs qui l'encadraient portaient des livrées rouges qui mettaient encore plus en évidence sa peau couleur de lait. Elle était totalement dénudée à l'exception d'un bandeau de velours noir ceint autour de la tête, devant ses yeux, afin de lui masquer la vue des convives qui applaudirent à son entrée.

Les deux serviteurs l'aidèrent à grimper sur la longue table nappée de blanc qu'elle allait devoir traverser en évitant les multiples écueils qui la jonchaient. Chaque verre renversé lui désignerait un amant ou une amante...

On joua beaucoup sous la Régence. À n'importe quel moment et partout. Le Régent, qui n'était pas le dernier, se crut même obligé de prendre des mesures pour endiguer cette frénésie généralisée à laquelle aristocratie et bourgeoisie naissante se livraient sans compter. Mais rien n'y fit. Ou si peu. On tenta de réglementer les académies de jeux en les taxant d'une vignette de deux cent mille livres qui seraient reversées à un fonds destiné aux plus démunis lesquels n'en sentirent jamais l'odeur.

L'on joua donc beaucoup et l'on y baisa aussi tout son saoul. Du moins chez les nantis. Car du côté des plus pauvres, ces choses-là aussi continuèrent d'aller leur train. Souvent, le jeu se mêlait aux scènes d'orgies afin de leur donner plus de piment tout en excitant l'imagination et les sens.

Le Régent (qui avait la France en gérance en attendant que son propriétaire de droit divin accède à la majorité légale) connut nombre de maîtresses mais n'eut point officiellement de favorite. Des préférées à coup sûr, telle Marie-Madeleine de la Vieuville épouse Parabère, mais aucune ne joua auprès de lui les rôles que la Montespan ou Madame de Maintenon exercèrent auprès de Louis XIV. « Mon fils, constatait la mère du Régent (la Palatine) dans son *Journal*, n'a pas du tout les manières propres à se faire aimer ; il est incapable de ressentir une passion et d'avoir longtemps de l'attachement pour la même personne [...]. Il est fort indiscret et raconte tout ce qui lui est arrivé. Je lui ai dit cent fois que je ne puis assez m'étonner que ce que les femmes lui courent follement après. » Ce à quoi Philippe d'Orléans lui rétorquait : « Madame, vous ne connaissez pas les femmes débauchées d'à présent. Dire qu'on couche avec elles, c'est leur faire un grand honneur. »

Ainsi, le Palais-Royal, où s'étaient installés le Régent et sa cour, de même que la plupart des hôtels particuliers de la capitale éventèrent bien des cris, des rires et des râles de ces aristocrates en goguette. Watteau devint le peintre officiel du régime et se tailla un beau succès avec ses tableaux de fêtes galantes. Cressent, avec son mobilier suggestif, fut officiellement intronisé ébéniste de son Altesse. Et Lemontey d'écrire dans son *Histoire de la Régence* : « Le Palais-Royal sourd et impénétrable, apparaissait comme une île infâme, retranché au milieu des misères publiques, véritable Caprée où cependant manquait Tibère. »

La fille rousse avait atteint l'autre bord de la table où les serviteurs la récupérèrent. Au passage, cinq des trente verres disposés devant les convives avaient été renversés. C'est Canillac, un habitué de ces soirées, qui avait déniché la belle au café *Féret*, près du pont Saint-Michel. Il y venait chaque matin lire *La Gazette* que Théophraste Renaudot avait fondée en 1631. Malgré la concurrence hebdomadaire du *Journal des Savants* et celle du *Mercure galant*, elle disposait d'un atout majeur puisqu'elle avait gardé le monopole des informations politiques. Canillac avait repéré la grande fille rousse et la persuader de repartir de cette soirée avec nombre d'écus sonnants et trébuchants, avait tourné au jeu d'enfant si tant est qu'il eût fallu la convaincre réellement.

Les cinq verres renversés appartenaient respectivement à Nocé dit Braquemard, La Fare dit Poupart, Madame de Sabran dit l'Aloyau, la duchesse de Berry dit le Beau Paon. Le surnom de cette dernière lui était venu de ce qu'elle ne dédaignait pas se présenter de dos, croupe en l'air, au cavalier dont elle serait la monture et donc, qu'à l'instar du paon exécutant sa roue, elle ne faisait rien d'autre qu'exposer son postérieur. Qualifiée dans certaines libelles de « première putain de France », la duchesse aimait particulièrement la compagnie des gardes à qui elle fit une solide réputation d'amants.

Le cinquième et dernier verre renversé au passage de la fille rousse appartenait au Régent. Tout au moins s'était-on arrangé (*via* la main de l'abbé de Broglie) pour qu'elle heurte le verre de Philippe.

Les deux serviteurs entraînèrent la proie consentante dans une chambre aux cloisons recouvertes de miroirs et plongée dans une semi-pénombre. Ils l'installèrent sur une bergère, lui donnant l'ordre d'attendre. Un à un, les cinq convives désignés par le sort défilèrent dans la chambre où chacun à sa façon et avec ses moyens ou sa fantaisie rendit les honneurs à cette beauté voluptueuse qui s'abandonna à tous et à toutes avec la conscience du travail soigné. Puis, tous les corps se mêlèrent et la chambre s'emplit des murmures et des soupirs de ses occupants.

En cette année 1718, la réputation de Cartouche et des cartouchiens allait grandissante. On leur mettait sur le dos et à bon compte nombre de larcins et de meurtres dont certains leur étaient totalement étrangers. Ils n'en commettaient pas moins de pendables mais l'époque s'y prêtait. Les vents de crise économique et de débauche qui soufflaient sur le pays fournissaient un excellent terreau à toutes les dépravations. D'autant que l'aristocratie ne dédaignait pas s'encanailler avec la populace dans les cabarets et surtout dans les bals de l'Opéra que le Régent avait remis au goût du jour, de même qu'il avait fait revenir deux ans plus tôt les comédiens italiens à l'hôtel de Bourgogne.

Quand s'ouvrit, en octobre 1721, le procès de Cartouche et des siens on put mesurer l'ampleur des dégâts. Sur les trois cent cinquante-deux personnes qui furent appréhendées, jugées et condamnées entre cette date et novembre 1728 (où seront rendus les ultimes jugements contre la bande) ce sont plus d'une soixantaine de soldats et autant de policiers, près d'une centaine d'ouvriers, d'artisans, d'aubergistes et de cabaretiers qui auront à répondre de complicités, recels et autres délits. On dénicha également un capitaine de dragons, le fils d'un directeur de manufacture (qui s'évada étrangement du Châtelet), un libraire, un garnisseur de tabatières royales, une tireuse d'or, l'arquebusier privilégié du roi ainsi que son joaillier... Et encore, ne mit-on pas sous les verrous l'intégralité de la bande pour laquelle on avança le chiffre de huit cents individus, de tous sexes et de toutes situations, répartis sur l'ensemble du territoire. « La sociologie de la bande, note Hans-Jürgen Lüsebrink, et les conditions de sa genèse renvoient à une criminalité causée par l'appauvrissement voire la misère. Les ramifications de la bande [...] prouvent que l'acception populaire de la notion de crime se trouvait profondément décalée par rapport au sens officiel qu'en donnent les lois et les institutions judiciaires. Loin d'être stigmatisés et dénoncés à la justice [...] les voleurs, receleurs et contrebandiers bénéficiaient de la sympathie et du soutien des classes populaires du Paris de l'époque [...]. La réaction brutale, systématique et acharnée des forces de police et de justice contre la bande de Cartouche se donne à lire comme une vaste entreprise de répression contre des formes d'illégalité populaire devenues économiquement intolérables pour le gouvernement et les milieux d'affaires... »

La plupart des accusés présents (plus de quatre cents furent jugés par contumace) écopèrent de la perpétuité. Certains furent pendus, d'autres roués vifs. Quelques femmes subirent le fouet, corde au cou. Il y eut aussi des condamnés au carcan, aux galères ou au bannissement. Leur âge variait de quinze à trente-cinq ans. Beaucoup d'entre eux portaient des surnoms qui furent consignés dans les procès-verbaux : François Nothary dit le Petit Gascon, Marie Roger dite la Grande Jeanneton, Jean Riffaut dit la Marmotte, Renée Goudaille dite la Belle Laitière, Antoine Descroix dit Tête de Mouton, Madeleine Henry dite Margot Bondiable, Manon Le Roy dite Manon la Douillette, Jacques Béreau dit le Beau Parisien, Thomas Marcadet dit l'Hirondelle, Charles Blanchard dit Champagne, etc. Cartouche avait aussi le sien, en dehors de ses propres pseudonymes. On le surnommait l'Enfant, à cause de sa petite taille (un mètre cinquante) et de son visage d'éternel jouvenceau. Mais qu'on ne s'y trompe pas. Sous cet aspect adolescent perçait un homme redoutable. « Il était de première force à l'épée, au bâton, au pistolet, écrit Barthélemy Maurice. Il se grimait à ravir, faisait de son corps et de sa figure tout ce qu'il voulait, dansait sur la corde, exécutait le saut périlleux en avant et en arrière. Je ne vous parle pas de son talent pour l'escamotage. Pour peu que l'escalier ne lui parût pas sûr, il montait ou descendait par la cheminée avec une incroyable rapidité. Il sautait d'un toit à l'autre, non pas toujours contigus, mais quelquefois de l'autre côté de la rue... »

Ses six lieutenants les plus proches n'étaient pas davantage manchots. François-Louis Duchâtelet dit le Lorrain exerçait la profession d'écuyer-soldat, c'était l'élément le plus impitoyable du groupe ; Jean Balagny dit le Capucin, dont la famille appartenait à la grande bourgeoisie parisienne, était le préféré de Cartouche et, comme l'a écrit le poète Nicolas Racot de Grandval, son « Achate fidèle ». On relevait aussi les noms de : Louis Marcant, étudiant en droit ; Duplessis d'Entraigues issu d'une famille de gentilshommes ; Rozy dit le Chevalier le Craqueur et Jacques Pellissier, chirurgien de son état, demeurant essentiellement à Lyon. Seuls ces lieutenants avaient un contact direct avec la troupe où chacun à son poste jouait un rôle déterminant, que ce soit pour introduire des membres de la bande dans les maisons huppées, pour receler ou revendre les objets volés, pour s'informer des décisions de la police, des mouvements des gardes françaises ou des archers du guet ainsi que des... bonnes affaires. Toute cette structure pyramidale fonctionnait à merveille et s'opposait avec succès à la machinerie policière mise en place par les divers lieutenants généraux, au grand dam des autorités du royaume qui n'en finissaient pas de tancer l'incompétence de leurs subordonnés.

Le 27 avril 1718, le Petit-Pont s'enflamma comme une torche, coupant l'accès à la rue Saint-Jacques et au Petit Châtelet. La panique qui s'empara des riverains ainsi que d'une partie des gens alentour fut amplement profitable aux cartouchiens. Pendant que le corps des sapeurs-pompiers tentait de circonscrire le sinistre, malgré la foule des curieux attirés par l'odeur de la mort et agglutinés aux points d'accès les plus stratégiques, nombre de cartouchiens se ruèrent à l'assaut de tout ce qui se prêtait au rapinage et le butin, cette nuit-là, fut de taille. Le lendemain, tandis qu'une quarantaine de demeures avaient été réduites à l'état de cendres, une rumeur leur imputa la responsabilité de cet incendie. Information que démentit *La Gazette* quelques jours après puisqu'il avait été prouvé que le feu avait pris de façon accidentelle : une chandelle à la dérive sur son socle de bois avait enflammé un bateau rempli de paille. Mais on ne prête qu'aux riches et, sur ce chapitre, les cartouchiens n'étaient pas en reste.

Le 17 février 1719, Jean Balagny dit le Capucin et Louis-Dominique Cartouche quittaient la rue des Gobelins pour entrer dans la rue Saint-Marcel, quand ils tombèrent nez à nez avec une superbe créature guettant plus ou moins discrètement le chaland dans une encoignure de porte. La fille leur expédia un sourire aguicheur auquel Louis-Dominique ne put résister. Il fit un signe à Balagny qui haussa les épaules et lui rappela leur rendez-vous avec le Lorrain et le Craqueur au Petit Sceau, rue de Charonne.

La fille grimpa la volée de marches suivie comme son ombre de Cartouche, le regard hypno-tisé par les ondulations de cette croupe ronde qui frémissait à chaque pas sous le tissu de la longue robe. Une fois dans la chambre, elle demanda à son client qu'il la règle d'avance. Cartouche sourit et sortit de sa bourse un louis d'or de vingt-quatre livres. C'était largement plus que la fille avait pu espérer et ses yeux s'agrandirent de stupéfaction. D'un mouvement de tête, Cartouche lui commanda de se dévêtir. Elle lui semblait empruntée, peu sûre d'elle-même. Et quand la robe glissa le long de son corps pour venir s'échouer à ses pieds, ce fut comme un éblouissement. Qu'une fille pareille pût se prostituer était anachronique. Son anatomie ne ressemblait pas à celle des putains qu'il avait fréquenté. Malgré son jeune âge, son corps ne portait aucun des stigmates caractéristiques de la profession. Cartouche songea qu'il avait à faire à une débutante. On en voyait de plus en plus de ces filles, tout juste adolescentes, que la misère pous-sait à monnayer leurs charmes sur le pavé de la capi-tale. À moins que... Mais il n'eut guère le temps de penser plus avant.

La porte s'ouvrit avec fracas et un homme d'une trentaine d'années fit irruption dans la pièce. La fille ramassa promptement sa robe et s'en recouvrit sans, toutefois, la remettre. L'œil noir, le doigt pointé en avant, l'inconnu marcha sur Cartouche pour le prendre aux revers de sa redingote en voci-férant que sa sœur n'était pas une catin et qu'il allait de ce pas le conduire au guet pour lui apprendre à vivre. À cet instant crucial, n'importe quel quidam aurait vidé le contenu de sa bourse plutôt que de se voir conduit *manu militari* par ce frère courroucé et violent aux archers du guet. Aucun de ces quidams n'aurait même imaginé, sous le choc, qu'il pût s'agir là d'un ballet parfaitement réglé.

Cartouche, lui, ne se démonta pas. À la seconde même où les deux mains velues allaient le saisir, son pied droit se détendit de façon surprenante et l'homme prit la pointe de sa botte en plein menton. Surpris et secoué, il vacilla en reculant. Profitant de cet avantage, Cartouche tira son épée et en colla le plat de la lame sur la gorge du demi-sel qui ouvrit la bouche pour crier ou supplier sans qu'aucun son ne s'échappe. « Alors, comme ça, elle appâte et tu ferres ? » l'apostropha Cartouche. L'autre n'osait esquisser le moindre geste. « Je devrais te percer le cou, mais j'ai d'autres chats à fouetter ! » poursuivit Cartouche avant de se tourner vers la fille et de lui lancer : « Garde la monnaie, foutue drôlesse, et que ça te serve de leçon. » Sur quoi, il remisa son épée dans le fourreau et s'éclipsa.

Quand il conta sa mésaventure à Balagny, Duchâtelet et Rozy, après les avoir rejoints au *Petit Sceau*, ils se moquèrent gentiment de lui et le plaisantèrent, à l'exception de Duchâtelet, soudain rembruni, qui déclara tout à trac que si c'était à lui qu'on avait joué ce tour-là, il aurait volontiers découpé le bonhomme en rondelles. Comme les autres l'en savaient fort capable, cela jeta un froid autour de la tablée et c'est Jean Balagny qui rompit la glace en sortant de sa poche un libelle qui, disait-on, s'arrachait sous le manteau dans tout Paris. La diatribe était tournée, et même très bien

tournée, contre le Régent et ses proches, tout particulièrement sa fille, l'un et l'autre accusés de se
livrer à des amours incestueuses. Le pamphlétaire
avait signé Juvénal mais l'on murmurait ici et là le
nom de Voltaire qui, pour ne pas connaître une
nouvelle fois les geôles de la Bastille, s'en était
allé de la capitale, attendant que la fureur des
grands s'apaise et que le coupable soit éventuellement serré...

Les quatre hommes s'étaient réunis au *Petit
Sceau* pour décider d'une action inhabituelle :
extraire cinq prisonniers des cellules du Châtelet et
de Saint-Lazare où ils croupissaient. Il s'agissait de
trois hommes et de deux femmes : cinq rouages
essentiels du dispositif de renseignements mis en
place par Cartouche et ses lieutenants. Ils n'auraient
probablement pas tenté le coup si les prisonniers
étaient restés à croupir dans leurs cellules, mais ils
venaient d'apprendre de la bouche même d'un de
leurs informateurs (archer aux brigades spéciales)
que se préparait dans le plus grand secret une vaste
déportation, vers les îles du Mississippi, notamment
la Louisiane.

Une ordonnance de 1718 avait encore accru la
répression concernant l'errance et le vagabondage
et, surtout, l'avait étendue à toutes les espèces de
marginaux quels qu'ils fussent : de la prostituée à
l'homosexuel, du malade mental au grabataire.
Cette ordonnance, cela va de soi, ne touchait que les
classes de la population les plus démunies. Le
maréchal d'Huxelles, pédophile notoire, ou la
duchesse de Berry, putain d'envergure, n'avaient
rien à craindre de cette loi. Bref, on avait décidé
d'expédier un peu moins aux galères et davantage
en Louisiane d'autant que les volontaires à l'émigra-
tion ne se bousculaient pas sur les embarcadères, ce

qui n'arrangeait guère les desseins de John Law et du gouvernement. Une fournée avait été ordonnée pour le 10 mars. Elle concernait deux cents jeunes gens et deux cents jeunes femmes parmi lesquels figuraient les noms des cinq cartouchiens raflés abusivement par les archers des brigades spéciales, payés aux pièces rapportées et qui commettaient sans vergogne ni sanction nombre de bavures.

Rozy, qui possédait le contact avec plusieurs de ces soudards, avait réussi à obtenir de l'un d'eux le parcours que suivrait le cortège des déportés. C'est ainsi qu'après avoir été extraits de leurs prisons respectives, ils seraient conduits en charrette et sous bonne escorte vers l'hôpital de la Miséricorde (faubourg Saint-Marceau) pour y recevoir des habits neufs et un léger paquetage de vivres. De là, ils gagneraient l'église du prieuré Sainte-Catherine pour y être mariés et liés l'un à l'autre par une chaîne avant de rejoindre le port de La Rochelle où ils seraient embarqués.

Ce port était (avec ceux de Saint-Malo, Nantes et Bordeaux) l'un des principaux points de départ du commerce maritime en direction des Amériques et, notamment, du trafic d'esclaves. Les navires faisaient route vers la Louisiane via des ports d'attache sénégalais et angolais où ils remplissaient à ras bords leurs fonds de cale de Noirs qu'ils venaient d'échanger contre leurs cargaisons de fusils, vêtements et miroirs. Parvenus aux Antilles, ces esclaves étaient vendus aux colons qui les transportaient en Louisiane pour les exploiter jusqu'à plus soif dans leurs plantations... Les transports spéciaux, tel celui qui se préparait, ne chargeaient pas d'esclaves en cours de trajet. Les prisonniers embarqués au départ suffisaient à leurs problèmes. Cependant, il était déjà advenu qu'un grand nombre de ces déportés étant morts de maladie ou de maltraitements, on embarquât lors d'une escale une fournée de Noirs.

Après une brève discussion, les quatre hommes échafaudèrent un plan. Comme à l'habitude, Cartouche entendit tous les avis puis trancha. L'évasion serait tentée à l'arrivée au port de la Rochelle. Il suffirait de créer un trouble dans la foule des curieux qui ne manqueraient pas de s'amasser pour voir les déportés monter sur les navires. Seuls quarante archers avaient été prévus pour les encadrer parmi lesquels des cartouchiens. Pour organiser la diversion, une douzaine d'hommes conviendraient. Pellissier serait chargé de coordonner l'opération. Cartouche appréciait particulièrement son sens de la stratégie dans les attaques de coches et de carrosses. Il ne restait plus qu'à prévenir l'intéressé. Rozy, dit le Chevalier le Craqueur, fut chargé de porter le message.

Le chemin parcouru par John Law depuis que le Régent l'avait reçu à Marly était considérable. Pavé d'embûches et de chausse-trapes à chaque pas, il recelait aussi de l'or en papier-monnaie. Dans son *Mémoire*, il avait su toucher le Régent au point sensible : renflouer le pays tout en s'enrichissant. Vaste programme mais surtout très alléchant. « Je produirai un travail qui surprendra l'Europe par les changements qu'il apportera en faveur de la France, des changements plus forts que ceux qui ont été produits par la découverte des Indes ou l'introduction du crédit [...]. C'est sur un commerce étendu grâce au nombre et à la richesse

de ses habitants que la puissance de la France devra
être fondée. » Aussi, dès le mois de mai 1716, le
Régent, seul contre tous, autorisa la banque privée
fondée par John Law à se parer du titre de Banque
Générale. Elle ouvrit ses bureaux un mois plus
tard, rue Sainte-Avoye. Peu à peu, le brillant
Écossais tira à lui toutes les couvertures. L'aval de
son protecteur lui permettait tout ou presque : les
receveurs des impôts furent astreints à expédier
leurs recettes en billets et ils se devaient aussi
d'acquitter à vue les remboursements de ces mêmes
billets... Le financier Crozat s'étant blanchi d'une
condamnation fiscale de six millions de livres-
tournois en offrant à l'État une concession commer-
ciale en friche qu'il tenait de Louis XIV soi-même,
John Law fut contacté pour mettre sur pieds une
certaine Compagnie d'Occident. Il s'en acquitta
avec brio, dextérité et audace, couplant sa Banque
Générale avec la nouvelle Compagnie. D'une part,
la Banque émettait des billets à la demande, de
l'autre la Compagnie acceptait ces billets en règlement des actions. Tout allait pour le mieux dans le
meilleur des mondes et même le déficit avait été
aplati de façon spectaculaire passant de quatre-
vingts à huit millions de livres. Restait la dette
mais les dividendes enregistrés par la Compagnie
pourvoiraient sans nul doute à son effacement
progressif. C'était aller un peu vite en besogne
même si on ne lésina pas sur les moyens.

Le nouvel établissement, écrit Jean-Christian
Petitfils, bénéficia d'un régime privilégié. Il se
voyait accorder « pour vingt-cinq ans le monopole
du commerce sur toute l'étendue du territoire
concédé et la propriété perpétuelle sur toutes les
terres, côtes et îles qu'il mettrait en valeur [...].
Pour affirmer son autorité, on lui attribua un

blason, une flotte et des troupes. Le roi lui faisait don des magasins du domaine, des vivres et des vaisseaux abandonnés par Crozat, octroyait aux colons une exemption d'impôts et renonçait à taxer les importations et les exportations [...]. En contrepartie de ces privilèges, la Compagnie s'engageait à faire venir sur ses terres au moins six mille Blancs et trois mille Noirs... »

À l'été 1718, John Law fut invité au Palais-Royal, lors de la visite de Pierre le Grand, tsar de toutes les Russies. Il était en outre de toutes les fêtes et de toutes les coteries à moins que ce ne fût lui et son insolente réussite qui appelaient ainsi à la fête et attiraient de même toutes les coteries. Début décembre 1718, la Banque Générale devint, par décision du Régent et malgré l'avis contraire du Parlement, la Banque Royale. Le 27 du même mois, John Law créa la livre-papier afin de faciliter les transactions puisque l'on n'aurait plus à convertir ces livres en louis ou en écus. Au printemps 1719, par quelques tours de passe-passe et autres rachats au rabais, la Compagnie d'Occident étendit son champ de prospection et (du moins le crut-on) de prospérité en s'habillant du titre de Compagnie des Indes. John Law régnait alors sur l'État. C'était entre ses mains magiques que se trouvait la clef du pouvoir dans ce royaume en gérance.

La foule accourait médusée. On se précipitait vers la rue aux Ours, la rue Aubry-le-Boucher et plus encore vers la très célèbre rue Quincampoix pour spéculer à qui mieux mieux. Toutes les catégories sociales s'y côtoyaient ou, en tout cas, s'y croisaient. On venait aussi de toutes les provinces et même de l'étranger. La marmite bouillait à plein régime. En quelques heures, la variation des cours pouvait entraîner des gains gigantesques comme des pertes considérables. « John Law, notait la Palatine dans son *Journal*, est poursuivi sans relâche. Il n'a de repos ni le jour ni la nuit. » On se l'arrachait irrésistiblement. C'était la gloire, la reconnaissance et aussi la richesse. Outre son hôtel particulier de la place Louis-le-Grand, étaient tombés dans son escarcelle l'hôtel de Soissons, six maisons rue Vivienne, le duché de Mercœur, l'hôtel de Rambouillet, le marquisat d'Effiat, la tour d'Ancenis, deux immeubles rue Neuve-des-Petits-Champs, etc. La folie spéculative s'était emparée de tout un pays jusqu'à la frénésie. En moins de trois ans, la France avait réussi à relever son crédit, accélérer sa politique de colonisation, assainir et relancer son commerce. Le nom de Law était sur toutes les lèvres...

Dans la nuit du 20 juillet 1719, le premier médecin de la cour se trouvait en compagnie d'une cinquantaine d'autres commensaux à la table du génial Écossais, coqueluche du royaume. Soudain, au milieu du repas, un messager vint parler à l'oreille du médecin. Le visage de Chirac se figea aussitôt. Il se leva comme à regret, s'excusa auprès de son hôte et demanda à son cocher de fondre bride abattue en direction de La Muette. Madame de Berry, fille du Régent, était au plus mal. Parvenu dans ses appartements, il lui administra un purgatif de sa composition auquel la duchesse ne survécut pas. L'autopsie révéla qu'elle était enceinte. Les pamphlets reprirent sur le Régent et ses liaisons incestueuses. Mais cette fois, ils ne furent plus signés Juvénal (*alias* Lagrange) sur qui la police avait mis la main quelques mois plus tôt et qu'on avait envoyé croupir à Marguerite, dans le Canada.

C'est à peu près au même moment que John Law eut à faire front à une intrigue mise au point par Marc-René d'Argenson (ex-lieutenant général de police monté en grade et en ambition) et quatre banquiers : les frères Pâris-Duverney. Les cinq hommes, ennemis jurés de l'Écossais (qui venait de se convertir au catholicisme) constituèrent une société concurrente qui se mit à spéculer sur la baisse des crédits obligeant Law à de savantes acrobaties financières. De surcroît, son plus fidèle bras droit le trahit pour le camp d'en face. Aidé de son puissant protecteur, le Régent, il réussit à tuer la cabale dans l'œuf. Le 27 août, le malentendu était clos. Mais d'autres dangers se profilaient déjà à l'horizon. D'autres rivalités, d'autres jalousies, d'autres avidités. D'Argenson et son quarteron de banquiers avaient, pour ainsi dire, montré la voie. L'édifice n'avait pas été ébranlé mais il avait tout de même frémi. Cette victoire de Law à la Pyrrhus sonnait en vérité le premier coup de son propre glas. Le veau d'or allait faire place aux vaches maigres.

Le cabaret de l'*Épée* se tenait place Royale. C'est de là, qu'en ce 15 décembre 1719, Cartouche sortit en laissant les compagnons avec qui il avait dîné pour accomplir une de ses rituelles promenades nocturnes.

Les rues de Paris, qui n'avaient jamais été très sûres, l'étaient moins encore ces derniers temps depuis que le « défilé obscur » (autrement dit la rue Quincampoix) regorgeait de gens de toutes sortes attirés par l'argent facile. Mais Cartouche, de ce point de vue, ne risquait rien. Lui-même et sa bande contrôlaient tout ce qui entrait dans le cadre des affaires en marge. Par exemple, l'inspecteur de police chargé de surveiller tout le quartier et ses environs, un certain François Le Roux, était un cartouchien de la première heure. C'est lui qui entraînait les agioteurs gagnants dans les coupe-gorge où ses propres archers les dévalisaient avant de les jeter à la Seine. Au sein même de la Banque, Cartouche et les siens possédaient des complices fidèles...

Ce soir-là donc, ses pas le conduisirent vers le Pont-Neuf, lorsqu'il crut apercevoir un homme qui enjambait le parapet. N'écoutant que sa conscience, il se précipita vers le désespéré et le rattrapa par la manche à l'instant où l'autre allait se lancer dans le vide.

En ces temps de folie spéculative, la Seine ne charriait pas uniquement des cadavres détroussés et égorgés mais aussi nombre de suicidés que le système Law avait contraint à la faillite, au déshonneur. Car si des fortunes colossales s'étaient érigées avec trois fois rien de mise, si l'on voyait des soubrettes et des laquais racheter du jour au lendemain à leurs propriétaires de la veille des hôtels particuliers, tout le monde ne gagnait pas à jouer de la sorte ses biens à la roulette de l'agiotage. Pour qu'il y eût des gagnants, il fallait des perdants. Leur nombre était loin d'être négligeable mais la fièvre du moment les ravalait au rang d'anonymes.

Pierre Fertet était de ceux-là. Marchand-drapier, il avait commencé par gagner de l'argent puis avait tout perdu. Il ne lui restait plus qu'une dette de trente mille livres et une famille qu'il ne pouvait plus nourrir. Cartouche tenta de ramener le forcené à la raison en lui disant qu'il allait se charger de sa dette. L'autre, qui croyait avoir à faire à un fou, se débattit de plus belle pour se dégager de l'étreinte qui l'empêchait de se jeter en bas du pont et notre homme dut presque l'assommer pour le calmer. Il l'adjura de lui faire confiance et de remettre au lendemain son geste irréversible si sa dette n'était pas remboursée. Tout ce qu'il lui demandait d'ici là, c'était de convoquer ses créanciers et de mettre de côté quelques bonnes bouteilles de bourgogne. L'autre finit par se laisser convaincre. Après tout, un jour de plus ou de moins...

Le soir suivant, Cartouche arriva chez le drapier, rue Verdelet et remboursa les neuf créanciers jusqu'au dernier sol au grand ébahissement de chacun. On déboucha des bouteilles et l'on but bien volontiers à cet heureux dénouement. Le drapier et ses ex-créanciers voulurent à tout prix connaître le nom de ce bienfaiteur mais lui se contentait de lever le coude et de répondre aux curieux par des pirouettes qui faisaient l'admiration de tous. Vint le moment de quitter les lieux. En bon ordre et à la bonne heure, comme le souhaitait Cartouche. Le drapier n'en finissait plus de lui serrer la main et Louis-Dominique ne s'en dépêtra qu'avec peine. Il rejoignit le groupe au bout de la rue Verdelet à l'instant précis où une bande de voyous, armés de bâtons pourvus de boules de fer, leur tombèrent dessus sans crier gare. Ils eurent beau s'époumoner en criant au voleur et en appelant le guet, il ne leur resta rien des trente mille livres que venait de leur offrir le généreux donateur, lequel récupéra tout son bien déjà fort mal acquis.

Quand il regagna le *Chat Lié*, rue de la Mortellerie, ce fut pour s'entendre raconter une histoire tout aussi surprenante.

Louis Marcant, l'étudiant en droit, tenait le crachoir à une table où avaient pris place Marie Roger (la compagne de Cartouche), Balagny et

Duchâtelet ainsi que Jean Millorin, un ancien exempt du guet qui avait sauté le pas et même marié sa fille unique à un nommé Jacques Bérault dit le Beau Parisien. Le récit de Marcant concernait un certain baron à qui l'on venait de soutirer quatre-vingt mille livres. Un rien porté sur les jeunes gens, le baron avait eu vent par l'une de ses récentes conquêtes d'un antiquaire ruiné tout disposé à vendre ses meubles au quart de leur valeur. Mais il fallait agir vite. Le baron se fit conduire par le jeune adolescent à l'adresse de cet antiquaire qui habitait au quatrième et dernier étage d'un immeuble sis rue Saint-Honoré. Il escalada un à un tous les paliers, toqua à la porte qu'on lui avait indiqué. Un laquais en livrée blanche vint lui ouvrir et le pria d'entrer. Sitôt qu'il fut à l'intérieur, quatre hommes le saisirent et le dépouillèrent de son portefeuille garni de huit billets de dix mille livres. Puis ils le dévêtirent, le ficelèrent et l'abandonnèrent à son sort.

C'était la troisième fois que Marcant racontait son histoire, ajoutant sans cesse des détails inédits, mais on rit encore beaucoup en imaginant la tête de l'antiquaire à son retour chez lui.

Toutefois, du côté des cartouchiens aussi, le vent s'apprêtait à tourner...

L'un des derniers défis que s'autorisa Louis-Dominique Cartouche à l'encontre de l'autorité policière se déroula le 5 août 1720 au café du Pont-Marie dont la patronne était une dénommée Jeanne Vernier, veuve de son état civil. Il faut dire que, malgré les infiltrations dont la police faisait

l'objet de la part des cartouchiens, l'étau commençait à se resserrer autour de la bande. Des complices
et non des moindres avaient été arrêtés, mis à la
question, certains pendus, roués ou déportés.
Quelques-uns s'étaient tus, d'autres avaient parlé.
Ils ne savaient pour la plupart que peu de choses
mais, en procédant par recoupements, la police
tissait pas à pas les mailles de son filet. Et puis, le
22 mars avait eu lieu l'affaire de Horn qui avait
défrayé toutes les chroniques (judiciaire, politique,
journalistique) et qui, dans le climat de déliquescence morale et de fureur agiotique du moment,
aurait tout aussi bien pu allumer une mèche de
révolte. Cartouche et les siens n'étaient pas les
seuls anges du mal à sévir sur la place publique.
Même si c'était eux que le régime montrait d'abord
du doigt. D'autres, parfaitement en cour, s'en
donnaient également à cœur joie. Pour décrocher la
lune, ils étaient prêts à tout, y compris au pire. En
même temps, les uns et les autres ne flouaient au
premier chef que des personnes qui avaient elles-
mêmes amplement profité des largeurs du système
Law et acquis des biens de façon pour le moins
douteuse.

C'est que la spéculation s'était diluée de toutes
parts : sur les tapis verts des maisons de jeux,
derrière les guichets des banques, dans l'expression
des mœurs... N'importe qui, d'un jour à l'autre,
pouvait devenir quelqu'un. Il suffisait pour cela
d'un peu d'audace, de quelques introductions et de
beaucoup de perfidie. En créant sa monnaie de
papier, John Law avait libéré dans chaque Français
opportuniste et sans scrupule le cochon de profiteur
qui sommeille en lui. Les candidats se bousculaient aux multiples portillons de ces braquages
légalisés.

Dans cette ambiance délétère, les cartouchiens naviguèrent comme des poissons en eaux troubles.

Mais l'exemple venait de haut. Ce n'est pas un hasard, si dans « leurs » *Mémoires*, les Samson (bourreaux à Paris de 1688 à 1847) ont noté : « Cartouche est resté l'idéal des voleurs du XVIIIe siècle. Il représente parfaitement, dans la sphère du crime, l'époque de transition dans laquelle il vivait. » Et le crime était partout...

Le jeune comte Alexandre-Antoine-Joseph de Horn, cousin du Régent par sa mère la Palatine, apparenté aux plus grandes maisons régnantes d'Europe, avait perdu gros jeu en misant inconsidérément dans les loteries plus ou moins borgnes de la foire Saint-Germain. Pour ne pas avoir à répondre devant les siens de cette lourde perte, il commença par tendre un guet-apens à un employé de banque mais l'agression tourna rapidement au vinaigre et l'ancien capitaine d'un régiment autrichien ne dut son salut qu'à la fuite. C'est alors que sa route croisa celle d'un autre officier, capitaine comme lui : Laurent de Mille. Qui entraîna l'autre dans la boucherie qui allait s'ensuivre ? Nul ne le sut avec une franche certitude. Quoi qu'il en soit, l'un et l'autre se retrouvèrent, dans la matinée du 22 mars, au deuxième étage du cabaret *L'Épée de bois* en compagnie du richissime agioteur Jean Lacroix auquel ils avaient promis de vendre pour cent cinquante mille livres de titres. Lacroix était déjà là quand les deux jeunes gens débarquèrent. Sans méfiance, l'agioteur sortit une liasse de billets et c'en fut fait de son sort. Tandis que Laurent de Mille se saisissait de lui, le comte l'enveloppait dans un drap et le lardait de vingt coups de poignard. Puis les deux assassins se partagèrent le butin et s'enfuirent tels des voleurs chevronnés par une fenêtre donnant sur les toits. Ce fut le cabaretier qui découvrit le cadavre de Lacroix, quelques minutes à peine après le forfait, et donna l'alerte. Le comte de Horn, lui, avait tranquillement rejoint son domicile, rue Dauphine, sans s'inquiéter outre mesure des suites qu'il pouvait encourir si, par déveine ou par hasard, on réussissait à lui mettre la main dessus. On n'était pas pour rien le rejeton du prince de Horn (Grand d'Espagne) et de la princesse de Ligne. Quant aux cadavres, suicidés ou trucidés, il en flottait quotidiennement le long de la Seine. Ce n'était pas celui de l'agioteur Lacroix qui allait changer le monde. Et pourtant si. Tout au moins le petit monde du comte Alexandre-Antoine-Joseph de Horn, vingt-deux ans, joyeux drille et meurtrier. Car le soir même, on vint l'appréhender. Il ne fit aucune difficulté pour reconnaître les faits et dénoncer son complice. Mieux encore : « Quand on l'arrêta, écrit Philippe Erlanger, le fringant gentil-homme sourit. Il était célèbre pour ses farces — récemment il avait perturbé en pleine église un service funèbre, offert à boire au cadavre [...]. Si les juges faisaient du zèle, son cousin le Régent serait bien obligé de le gracier [...]. Mais le monde chan-geait à une vitesse effrayante. Le parlement condamna le coupable à être roué vif. Huit mille lettres s'abattirent sur la table du duc d'Orléans, réclamant une mesure de clémence. Philippe refusa. Toute la noblesse d'Europe le supplia du moins de commuer sa peine [...]. Le Régent répondit par le vers de Corneille : Le crime fait la honte et non pas l'échafaud. » Quatre jours après son forfait prémé-dité, le comte de Horn fut roué en place de Grève.

Et puis, le 25 mai de cette même année, comme pour ajouter à l'insécurité ambiante et à l'inquié-tude généralisée, le navire-marchand *Grand Saint-*

Antoine avait mouillé dans le port de Marseille. En provenance de Saïda (*via* Tripoli, Chypre et Livourne), il transportait dans ses cales des balles de coton et autres denrées ramenées d'Orient, notamment du café, du sucre, du rhum et du tabac. Vingt jours après seulement, au lieu des quarante requis par la loi, les marins et passagers avaient reçu des autorités portuaires la permission de débarquer. Le 24 juin, tandis que l'on sautait les feux de la Saint-Jean célébrant le jour le plus long de l'année, cinq mousses décédèrent subitement. Une semaine plus tard, on signala encore deux morts suspectes. Début juillet, un médecin diagnostiqua la peste. Un de ses collègues confirma par ailleurs. Aussitôt, l'on prit des mesures. Mais il était déjà trop tard. Le mal s'était installé dans la ville, rongeant toutes les racines propices à son développement et, principalement, les quartiers pauvres. Peu à peu les gens tombèrent comme des mouches. On comptabilisa jusqu'à cent morts par jour début août. On en compta plus de mille quotidiens dès septembre. « Dans ce cloaque monstrueux qu'était devenue la cité phocéenne, écrit Jean-Christian Petitfils, les rues étaient couvertes d'ordures, jonchées de malades placés sur des matelas, qui appelaient à l'aide ou poussaient des hurlements insupportables. Les cadavres enflés, noirs, puants, s'amoncelaient dans les ruisseaux où couraient les chiens affamés [...]. Avec de longs crochets, [les galériens qu'on avait commis d'office] hissaient les morts dans des tombereaux et allaient les jeter dans d'immenses fosses communes, où la terre saturée et gonflée par la putréfaction finissait par les vomir et les abandonner au soleil... » Partout et en permanence, les scènes touchaient à l'apocalypse. Et le mal enflait. Tel un bubon increvable, il gagnait les communes alentour où l'on relevait les cadavres par milliers. Non content de toucher à mort les villes côtières, il avait commencé sa lente mais sûre ascension vers Paris où les nouvelles, décalées, parvenaient démesurément grossies, angoissantes. Le terrible fléau avait envahi le Vaucluse puis le Gévaudan ; il dévorait maintenant l'Auvergne, attaquait le Limousin.

Il avait semblé, alors, que rien ne l'arrêterait jamais...

En cette soirée du 5 août 1720 donc, Cartouche, un ses oncles et trois de ses lieutenants s'étaient retrouvés au café du *Pont-Marie*. Louis-Dominique avait bu plus que de coutume un mauvais vin qui lui était resté sur l'estomac et lui avait visiblement embrumé l'esprit. Pistolet brandi, il faisait un raffut de tous les diables. On avait eu beau tenter de l'amadouer, rien n'y avait fait. Un événement récent l'avait fortement courroucé : l'arrestation de François Le Roux, inspecteur de police et crypto-cartouchien qui avait rendu à la bande des services énormes du côté de la rue Quincampoix. Son enfermement et son interrogatoire lui avaient fait livrer des noms, des adresses aussi. Certes, le prévôt de l'île avait remplacé, sans le savoir, cet agent double par un autre du même tonneau (un dénommé Jean Bourlon) mais les confidences de Le Roux extorquées sous la torture inquiétaient au plus haut point Cartouche dont le caractère plutôt affable avait incliné ces derniers temps vers l'irascibilité. Un rien le mettait hors de lui. La moindre dérobade d'un compagnon le rendait suspect à ses yeux. En outre, sa mise en ménage (au mois d'avril dernier) avec Antoinette Néron ne lui apportait pas tout ce qu'il avait espéré. La famille de la jeune fille se défiait de ce jeune homme aux allures de milord auquel on ne connaissait aucune situation ou rente particulière. Il aurait tout à fait pu laisser choir cette liaison dangereuse mais il tenait à son Antoinette et cet état d'indécision aussi l'ulcérait. Bref, ce 5 août 1720, le café du *Pont-Marie*, tenu par Jeanne Vernier dite la Limonadière, fut le témoin d'un acte à peine croyable de la part du fameux brigand.

À un moment donné, comme il en avait assez d'entendre Cartouche brailler et insulter tout ce qui passait à sa portée, Jean-Baptiste Madelaine alias Beaulieu mit au défi son chef de se faire arrêter. Cartouche, qui n'était guère dans son état normal, releva le gant. Jean Riffaut dit la Marmotte et François-Louis Duchâtelet dit le Lorrain essayèrent en vain de le dissuader, tançant vertement Beaulieu pour son idée inepte. Mais Cartouche avait déjà pris les paris. Beaulieu sortit du café et s'en alla quérir la garde qui arrêta Cartouche et le conduisit près du commissaire Lajarry. Celui-ci écouta le prévenu qui se présenta sous le nom de Grisel, fils d'un chocolatier de la rue du Bac. Il avait fait un peu de tapage, il est vrai, mais c'était tout. Comme la patronne du café était seule habilitée à porter plainte et qu'elle ne se manifesta pas, Lajarry finit par relâcher Cartouche qui réapparut au *Pont-Marie* où il fut accueilli par un tonnerre d'applaudissements. « Pour comble d'audace, note Frantz Funck-Brentano, Cartouche retourna le lendemain chez le commissaire afin d'y réclamer un portefeuille et une tabatière qu'il y avait laissé en garantie de son honorabilité. Le commissaire les lui restitua, naturellement ; mais on imagine la stupeur du Parlement quand Lajarry, interrogé dans la suite, raconta lui-même toute l'aventure... » Ce fut la toute dernière fois que Cartouche brava aussi directement et d'aussi près l'autorité policière. À dater de ce soir-là, il dut mettre le plus souvent à profit ses talents de dissimulateur rompu à toutes les roueries, pour sauver sa liberté ou sa vie. Car la chasse à l'homme allait s'intensifier chaque jour un peu plus et le danger de l'arrestation devenir très pressant...

Vers la fin de l'automne, la peste régressa sans pour autant s'avouer vaincue. À Marseille et dans toute la région, si l'évêque de Belzunce, le chevalier de Roze, le chef d'escadre Langeron, le viguier Pilles et tant d'autres encore, exécutants anonymes, obscurs parmi les obscurs, avaient fait preuve d'un authentique héroïsme et d'une parfaite abnégation dans la guerre qu'ils avaient engagée contre le terrible mal, en revanche, quelques-uns avaient su en profiter : détournant des vivres ou de l'argent, spéculant sur la faim, rançonnant les malades jusqu'à leur dernier sol... Tandis que Marseille et la Provence comptaient leurs morts (plus de cent vingt mille en quatre mois), à Paris on respirait. Tout danger était écarté.

C'est au beau milieu de cette accalmie trompeuse que l'orage éclata pour Louis-Dominique Cartouche et John Law. Chacun dans leur camp, ils avaient fourbi les armes qui allaient se retourner contre eux. Et si le premier réussit encore à surseoir devant son propre cataclysme, le second n'allait pas tarder à être foudroyé sur place.

Peu de temps après, dans la déposition qu'elle fournira au commissaire chargé de l'enquête, Madeleine Mondelot expliquera que, ce soir-là, son mari avait hésité à rejoindre le cabaret de *La Grande Pinte*. Un peu comme s'il avait eu une sorte de pressentiment. Car d'ordinaire, l'ouvrier-tanneur s'y rendait toujours sans hésitation pour y battre les cartes et boire quelques verres avec des camarades de travail. Mais ce 30 septembre 1720, il ne parvenait pas à se décider et, quand il finit par sortir, sa femme avait noté dans son regard de l'embarras...

Mondelot arriva au cabaret vers les neuf heures et demie et rejoignit ses amis à leur table. C'était une nuit fraîche et limpide. Au-dessus des platanes qui s'alignaient devant la terrasse, on aurait pu compter une à une toutes les étoiles. On servit Mondelot et quelqu'un le railla sur son retard. C'est à peine s'il sourit à la plaisanterie. On le sentait crispé, tendu comme une corde à piano. Il n'y avait pourtant pas la moindre électricité dans l'air. Le cabaret de la mère Garnier était aux trois quarts plein d'hommes de tous âges et de femmes plutôt jeunes qui chantaient, riaient ou échangeaient des propos de café. À la table de Mondelot, on avait donné les cartes mais l'ouvrier-tanneur n'arrivait pas à se concentrer. Après un moment, un violoniste s'arrêta devant la terrasse et se mit à jouer d'une manière si fine qu'il attira très vite l'attention sur sa musique. Il exécuta ainsi trois morceaux d'affilée avant de tendre une sébile où les piécettes se mirent à tinter. Parvenu à une table où se trouvaient cinq personnes (trois hommes et deux femmes), trois louis d'or tombèrent dans son récipient. Le violoniste n'en crut pas ses yeux. Pour ce prix-là, il ajouta sans difficulté deux airs à son

répertoire. Quand il eut achevé le dernier, il salua
et commença à se retirer. C'est alors que l'un des
trois hommes l'interpella, lui demandant d'en
jouer un autre. Le violoniste obtempéra de bonne
grâce. À peine eut-il tiré l'ultime note que le
même individu l'invita à recommencer. Cette fois,
le violoniste déclina poliment la demande, prétex-
tant qu'il devait aussi aller jouer ailleurs. Une des
deux femmes se leva. Elle s'appelait Manon Le
Roy. Blonde, très mignonne, elle avait cependant
un regard froid qui pouvait glacer les sangs. Elle le
planta dans les yeux du violoniste qui ne se sentit
pas très rassuré. « J'aimerais bien danser un peu ! »
lui lança-t-elle de sa voix de gorge, légèrement
rauque. L'homme qui l'avait interpellé à deux
reprises pour qu'il continue de jouer se leva à son
tour : « C'est ça oui, reprit-il, joue-nous donc
quelque chose de dansant. » Et d'enlacer aussitôt la
jolie blonde. Il s'appelait Duplessis d'Entraigues.
Jusqu'ici, les deux autres hommes et la deuxième
femme n'avaient pas bronché. C'est vers eux que se
porta le regard du violoniste. Et plus précisément
sur celui qui paraissait le plus jeune. Il était noir de
cheveux, de corpulence mince, de petite taille aussi
mais de constitution robuste. On décelait une
grande malice dans ses yeux vifs et sombres.
L'homme assis à sa droite n'était connu que par son
surnom : Jacob le Manchot. La femme, sur sa
gauche, s'appelait Antoinette Néron. Quant au
petit brun, mince et sec au visage d'enfant, ce
n'était autre que Louis-Dominique Cartouche en
personne.

Lui seul aurait pu arrêter, à cet instant même, la
mauvaise plaisanterie à l'encontre du violoniste
mais il n'en fit rien. Pas plus qu'il ne s'opposa à
Jacob le Manchot lorsque celui-ci jeta au musicien :

« Nous t'avons suffisamment payé pour que tu joues pour nous seuls. » Mais ce dernier refusa. Le ton monta d'un cran. Manon Le Roy l'injuria. Les lèvres de Cartouche dessinèrent un sourire qui tirèrent sur le rictus mais il se taisait toujours.

Derrière son comptoir, la mère Garnier observait le déroulement de la scène. Elle avait fait un clin d'œil à son aide-serveur, un blondinet dont les ailes du nez étaient grêlées de taches de son, lui signifiant qu'en cas de grabuge, il se tienne prêt à aller chercher le guet. La mère Garnier connaissait bien cette bande de ruffians et si elle continuait à les tolérer à *La Grande Pinte*, c'est parce qu'ils n'y avaient jamais commis de faits répréhensibles. Mais à la plus petite peccadille, il n'y aurait pas de quartier. Elle allait être servie bien au-delà de ses craintes car, soudain, tout chavira. « Notre compagnie te déplaît, cul crotté ? » apostropha Duplessis d'Entraigues à l'attention du violoniste tout en libérant la taille de Manon Le Roy. Le musicien recula d'un pas. Un trio d'ouvriers assis à une table voisine manifestèrent leur désapprobation à l'encontre des agresseurs. Jacob le Manchot leur fit face. Louis-Dominique Cartouche et Antoinette Néron se tenaient toujours assis à la table. Ni l'un ni l'autre n'avait encore proféré la moindre parole ni esquissé le plus infime geste.

C'est alors que l'ouvrier-tanneur Mondelot quitta ses partenaires pour venir s'interposer entre le musicien et Duplessis d'Entraigues, repoussant vivement celui-ci. Rapide comme l'éclair, Duplessis dégaina son poignard et le planta à trois reprises dans le torse de Mondelot : deux coups dans l'abdomen, un dans la région du cœur. L'ouvrier-tanneur ravala un cri, ses genoux fléchirent et il chuta lourdement sur le sol. Le petit blondinet

avait précipitamment posé son plateau et était sorti de l'établissement comme le lui avait demandé, quelques minutes auparavant la mère Garnier.

Maintenant, tout le monde ou presque était debout. Qui pour faire front aux bandits, qui pour se débiner en douce. Une chaise vola que Jacob le Manchot réussit à mouliner avant qu'elle ne vienne percuter son crâne. Elle s'écrasa sur la table, dispersant les vestiges du repas effectué par les cartouchiens et leur chef. Dans la foulée, Manon Le Roy fit feu à deux reprises et un projectile toucha un dénommé Charles Pontard, compagnon-serrurier, le blessant légèrement à l'épaule et trouant sa veste en ratine grise flambant neuve. L'espace grandit comme par enchantement entre la bande et ses assistants.

De la terrasse, une voix annonça l'arrivée des archers du guet, ce qui fit tomber un peu la pression. Nos cinq rapaces se dispersèrent à toute vitesse par l'arrière du cabaret. S'ensuivit une poursuite à laquelle se joignirent d'autres archers et des témoins. Des coups de feu furent échangés sans que personne n'en pâtisse. Cartouche et Antoinette Néron s'enfuirent de leur côté. Manon Le Roy se réfugia dans un immeuble où habitait un ami à elle. Duplessis d'Entraigues et Jacob le Manchot attirèrent à eux la meute des poursuivants et finirent par les semer dans le dédale de rues qui ceinturaient le quartier des Halles. Tout ce petit monde avait eu très chaud.

Le 5 janvier 1720, John Law avait été nommé par le Régent lui-même au poste clé de surintendant des Finances. Dix mois plus tard, il n'était plus qu'un fugitif, obligé de quitter clandestinement le pays. L'ascension avait été fulgurante, la chute n'en fut que plus radicale. Le temps des soubrettes, des mercières, des laquais et des cochers devenus plusieurs fois millionnaires était terminé. La fièvre de l'agiotage qui s'était emparée de la France était retombée comme un soufflé et allait directement pousser le système du sommet dans le précipice, sans escale, avec juste quelques convulsions.

Le financier eut beau ordonner la dévaluation du louis de trente-cinq à trente et une livres-tournois afin de favoriser le billet de banque, retarder jusqu'à l'extrême les remboursements, instaurer de fait le cours forcé, prohiber toute détention d'or chez soi, aucune de ces mesures, de la plus draconienne à la plus coercitive (on finit même par réglementer le poids des alliances !) n'entama ni la défiance ni le reflux ni les attaques. Anglais à l'extérieur, princes de Condé à l'intérieur, chacun prenait un tel malin plaisir à donner des coups de pioches dans la façade que le château menaçait à tout instant de s'écrouler comme une construction de cartes. Des mouvements de foule avaient lieu, le mécontentement enflait.

Le 28 mai 1720, Law fut démit de ses fonctions, placé en résidence surveillée sous l'escorte d'un bataillon de gardes suisses. Ses pires ennemis qu'il avait cru écartés à jamais remontaient au créneau : le vieux d'Argenson, les frères Pâris-Duverney...

Pourtant, et contre toute attente, John Law réussit une nouvelle fois à forcer son destin. Le 2 juin, il se retrouva intronisé intendant général du Commerce. Il s'en alla aussitôt tirer de sa retraite le chancelier Daguesseau et le ramena aux affaires. On se remit à flamber. Le temps d'un feu de paille. Dès le 9 juillet, des échauffourées s'étaient produites dans les jardins de l'hôtel de Nevers où siégeait la Banque. Le lendemain, un sous-officier de la garde royale ouvrit le feu sur des manifestants, tuant deux personnes. Le 17 juillet à l'aube vint, inéluctable, la grande émeute de la rue Vivienne qui aurait pu tourner au coup de force mais qui se contenta d'une flambée populaire. La foule se concentra devant le Palais-Royal menaçant le Régent et sa famille. On appela des renforts armés. Toute la nuit des braillards vociférèrent insultes et menaces. « Les hurlements ne cessent point, écrit Philippe Erlanger. Certains exaltés parlent de bouter le feu au quartier, d'ensevelir les Orléans et les banquiers sous les mêmes décombres. Un roi des Halles suffirait à soulever Paris. Audacieusement, le voleur Conti se propose ; mais il est trop laid, trop bête, déshonoré de surcroît. Le Parlement n'ose pas saisir l'occasion et le peuple, n'ayant aucun but précis, se disperse enfin. Philippe fait camper des troupes autour de la ville. » On releva néanmoins quinze morts.

Libelles et pasquinades fleurirent à l'encontre du Régent et de Law. Les provinces grondaient à leur tour. Début septembre, Katherine Knowles, la compagne de Law, et une de leurs filles échappèrent de justesse à une lapidation en règle ; leur cocher fut grièvement blessé, leur carrosse ne s'en remit pas. Début octobre, le système mourut brûlé vif dans un gigantesque autodafé de billets de banque. Ce fut le commencement de la fin. Law eut beau s'entêter, tenter de colmater les brèches, le sol devint de plus en plus meuble sous ses pas. On ferma la Bourse, les agioteurs furent poursuivis, on fit établir des visas spéciaux pour circonscrire la fuite des capitaux : rien n'y fit. Fin novembre, les jeux étaient faits. Le 3 décembre, Philippe duc d'Orléans et Régent de France constata les dégâts et désigna un syndic de faillite. De son refuge, du côté de Guermande, John Law écrivit à son fidèle protecteur : « Les établissements que j'ai formés seront attaqués mais ils subsisteront. La postérité me rendra justice. »

Pour l'heure, dans sa maison de campagne, le financier déchu bouclait ses malles. Le départ était prévu pour le soir même. Un carrosse devait venir le chercher, conduit par un homme sûr, et lui faire passer la frontière belge. La veille, un émissaire du Régent était venu lui remettre un pli dans lequel se trouvait un vrai faux passeport établi au nom de Michel Dujardin. Les adieux avec Katherine, sa compagne des bons et des mauvais jours, se firent dans la plus grande dignité. Elle demeurerait là, avec ses deux filles, en attendant de les rejoindre, lui et son fils, en Belgique. Tout cela n'était au plus qu'un mauvais rêve dont ils allaient se réveiller. Le Régent ne le laisserait pas tomber. Il était son ami et le rappellerait sûrement. Quand les choses iraient de nouveau plus calmement. Il s'agissait juste, une fois encore, d'une question de temps. L'abbé Dubois verrait, alors, de quel combustible il savait se chauffer. Lui et tous ceux qui avaient permis ou contribué à sa chute...

L'équipage arriva à l'heure fixée. John Law et son fils embarquèrent avec, pour tout pécule, une quarantaine de milliers de livres. Le début d'une deuxième fortune. Après tout, n'était-ce pas d'un exil que lui était venue la première ?

Jusqu'à Maubeuge, tout se passa sans arêtes. Mais à quelques lieues du relais, un groupe d'hommes armés stoppèrent le carrosse. On contrôla les passagers. L'équipage fut ramené au relais d'où une estafette se hâta pour gagner la capitale, nantie d'un message destiné au ministre des Sceaux. Quand elle revint, le lendemain soir, ce fut encadrée par un détachement de Mousquetaires noirs qui remirent un pli du Régent au chef des gardes. Celui-ci était prié sans ménagement de laisser passer le dénommé Dujardin. Penaud, le lieutenant de police d'Argenson (le fils de l'autre) avait dû rappeler ses chiens. John Law et son fils purent atteindre Bruxelles sans plus aucun encombre.

Le meurtre de l'ouvrier-tanneur Mondelot au cabaret de *La Grande Pinte* avait conduit Cartouche à prendre un peu de recul. Du moins avait-on réussi à le persuader de se mettre au vert le temps que les recherches se tassent. C'est François-Louis Duchâtelet dit le Lorrain qui lui avait trouvé une cache sûre, hors de Paris. Très précisément à Bar-sur-Seine, chez une aubergiste du cru dont le fils, enrôlé de force lors de la guerre dite de la Quadruple Alliance, avait été fusillé pour désertion au carrefour de Braque...

Depuis le 1er octobre 1720, un décret de prise de corps avait été établi à l'encontre de Louis-Dominique Cartouche, fils du tonnelier Jean Cartouche, demeurant rue du Pont-aux-Choux. L'un de ses deux frères, Louison Cartouche, était aussi entré dans le collimateur de la police. Tout cela n'incitait guère à se faire remarquer. Sans compter l'arrestation de Jean Balagny dit le Capucin, l'un de ses plus fidèles lieutenants. Fils de la meilleure bourgeoisie parisienne, Balagny n'avait échappé à la peine capitale que grâce à l'intervention de sa famille. La sentence avait été commuée en déportation aux îles. Mais Balagny y avait échappé de même en s'évadant durant le trajet qui devait le conduire au port. S'était-il souvenu du coup de La Rochelle ? Avait-il été aidé, comme on le murmurait, par le premier valet de chambre du Régent, cartouchien avéré ? Il faudrait que Cartouche lui pose la question dès qu'ils seraient sortis de leurs terriers respectifs. En attendant, le Lorrain avait raison : mieux valait s'effacer, se faire oublier.

Marie-Jeanne Petit ne savait rien refuser à François-Louis Duchâtelet. Aussi, quand il était venu réclamer son aide pour héberger l'un de ses amis, n'avait-elle demandé aucune précision. Cependant, le Lorrain avait quand même tenu à lui spécifier (histoire de s'attirer son concours le plus total) que cet ami était recherché pour avoir tiré sur un officier du marquis de Cilly, lui-même commandant de l'état-major du maréchal Berwick. Le seul nom de Cilly (qui s'était distingué en terre espagnole, franchissant victorieusement la Bidassoa) rimait aux oreilles de cette mère éplorée avec celui d'assassin, puisque c'était de son régiment que son fils s'était extrait en catimini pour se faire reprendre quelques jours plus tard et fusiller. De plus, lorsqu'elle vit débarquer le jeune homme chez elle, avec son air enfantin, sa petite taille, ses yeux vifs et parlants, elle se dit qu'il aurait pu être son fils, un autre fils, et qu'elle le traiterait comme tel.

C'est ainsi que Cartouche s'installa, pourrait-on dire, dans ses meubles. Deux mois durant, il vécut comme un coq en pâte, aux petits soins de cette aubergiste accueillante qui ne se douta pas une seconde de la véritable identité de son protégé. L'eût-elle appris que cela n'aurait sans doute pas modifié son comportement. Mais mieux valait encore qu'elle n'en sût rien. Après tout, la tête de Cartouche avait été mise à prix...

Deux fois par semaine, une jeune fille venait vendre à l'aubergiste des produits de la ferme familiale. C'était une jolie brunette, appétissante, dont le creuset lombaire devait mettre plus d'un mâle en émoi. Elle ne pouvait pas passer inaperçue aux yeux de Cartouche *alias* Jean Petit qui ne manqua pas de lui faire la cour à l'insu de tous. Il s'était fait passer auprès d'elle pour un neveu de l'aubergiste venu lui donner un coup de main pour combler un vide, suite à la mort de son fils. C'était la version qu'ils avaient convenue avec Marie-Jeanne Petit pour le cas où le voisinage immédiat ou tout autre intrus serait venu sourciller dans le coin, étonné de sa présence. Il avait fait promettre à la jeune fille de tenir sa langue car, lui avait-il dit, si leur liaison revenait aux oreilles de sa tante, elle n'aurait pas été disposée à le garder.

Huit jours avant de quitter les lieux, Cartouche évita de l'informer de son départ prochain, cela afin de pallier toute scène d'effusion ou de caprice intempestifs. La petite s'était fort attachée à sa personne et si, les premiers temps, ils ne s'étaient rencontrés que les deux seules fois par semaine où elle venait à l'auberge, c'est elle-même, par la suite, qui l'avait sollicité pour qu'ils se vissent davantage, lui indiquant la grange isolée où l'on entassait le foin. Cartouche avait même fini par en faire une sorte de quartier général. À chaque visite de Duchâtelet ou de Duplessis, c'est là qu'ils se retrouvaient.

Les nouvelles de Paris semblaient toujours plus maussades. Tel jour, la police avait démantelé un réseau de receleurs agrégé à la bande ; tel autre, elle avait ordonné des descentes dans des cabarets affidés aux cartouchiens ; à Lyon, Jacques Pellissier avait échappé de justesse à une souricière ; les mouches se multipliaient avec une incroyable audace ; d'aucuns, parmi les plus sûrs brigands, lâchaient le groupe, d'autres étaient arrêtés et mangeaient des morceaux sous la torture ; le commissaire chargé du dossier Mondelot s'acharnait à poursuivre son enquête avec un zèle qui dépassait l'entendement ; Louison, son propre frère, avait manqué se faire serrer par des archers du guet alors qu'il tentait de bouliner une tabatière, rue de Verthois ; trois recommanderesses avaient été cravatées sur leurs propres lieux de travail et ce, malgré les protestations de leurs employeurs : un comte et deux marquis liés à l'entourage du Régent. Enfin, l'on faisait circuler sur son propre compte les rumeurs des plus loufoques aux plus outrageantes : on disait qu'il était mort, tué par ses propres complices, ou bien en fuite ayant rejoint dans son exil l'ex-coqueluche du Tout-Paris, John Law ; on assurait qu'il avait été capturé dans la forêt de Bondy et qu'il était tenu au secret par le lieutenant général de police ; l'on insinuait même qu'il avait rencontré le Régent en personne et passé des accords pour enlever le jeune Louis XV et le faire disparaître.

Cette dernière rumeur amusa follement Louis-Dominique Cartouche. Un bref instant même, Duplessis d'Entraigues, qui la lui avait transmise, crut voir passer dans ses yeux rieurs la caresse d'un tel dessein. Mais Cartouche revint aussitôt à la réalité. De fait, tout allait plutôt mal. Il ne pouvait plus se contenter de jouer au neveu tranquille et à l'amoureux passionné dans ce coin de campagne. Il lui fallait revenir. Rentrer à Paris. D'ailleurs, la capitale lui manquait. Sa beauté lumineuse comme ses âcres relents d'égouts ; ses rues, ses filles, ses tavernes, ses mauvais garçons, ses amis, Antoinette même, parfois.

Malgré les remontrances de Duchâtelet et les supplications de Duplessis, son choix était fait. Rien ni personne ne pouvait plus le retenir ici. Alors, tout se déroula très vite aussi bien du côté de la loi que dans le camp des cartouchiens.

Paris, 15 décembre 1720, rue Jean-Robert, cinq heures de l'après-midi. Maurice Chartier s'apprêtait à sortir de chez lui pour rejoindre le cabaret de La Herse. Il avait cru repérer deux individus (un homme et une femme) qu'il soupçonnait d'appartenir à la bande de Cartouche. L'inspecteur Douchy était sur son dos car depuis trois semaines Chartier ne lui avait plus ramené le moindre gibier. Ces deux-là feraient donc l'affaire pour lui permettre de reconquérir les bonnes grâces du policier.

Dans la rue, il remarqua une raccrocheuse qui tentait d'attirer son attention par un signe discret de la main. Chartier haussa les épaules et s'engagea sur les pavés. Mais la fille le rejoignit. Le mouchard allait lui signifier sa façon de penser quand il l'entendit demander s'il connaissait un dénommé Cartouche. À l'énoncé de ce nom, il se fit plus attentif : « Est-ce que tu l'as déjà vu ? » interrogea la fille. « Qu'est-ce que ça peut te faire ? » répliqua Chartier d'un ton rogue. Elle s'approcha un peu plus de lui : « Je sais où il se trouve en ce moment même. Si tu l'as déjà vu, tu pourras le reconnaître et lui mettre la main dessus ! » souffla-t-elle. Chartier recula, méfiant : « Pourquoi me dis-tu ça à moi ? Pourquoi ne pas aller trouver le commissaire du quartier ? » La fille ricana : « La police, je ne l'aime pas et elle me le rend bien. Tandis qu'à toi... » Chartier fut à deux doigts de lui expédier une taloche mais il se ravisa. « Et où il serait, en ce moment, ton Cartouche ? » demanda-t-il. La fille ne répondit pas directement. Elle préféra d'emblée fixer ses conditions : « L'argent qu'il a sur lui, tu me le donnes. La prime et la gloire, je te les laisse. » Chartier plissa ses petits yeux chafouins : « Tu te contenterais juste d'une bourse quand la prime se monte à vingt mille livres ? » fit-il soupçonneux. « J'ai vu sa bourse quand il est monté. Elle est drôlement pansue ! » rétorqua la fille. Le mouchard se mit à réfléchir à toute allure. « Et s'il est armé ? » demanda-t-il. La fille lui sourit : « Dans la position où il doit se trouver en ce moment, ça m'étonnerait ! L'effet de surprise jouera pour toi ! » Chartier n'était toujours pas convaincu et son caractère pusillanime le poussait à la prudence. « Je vais aller trouver le commissaire. Si ce que tu dis est vrai, il faut prendre des dispositions. Ce Cartouche n'est pas le premier venu... » fit-il. « Et comme ça tu feras part à dix ou à rien du tout parce qu'il aura filé d'ici que vous reveniez et l'affaire sera loupée. » Sur ce point, elle n'avait pas tort, évidemment. Il fallait agir tout de suite. Prenant son peu de courage à deux mains, Chartier demanda à la fille de lui ouvrir la voie. Elle ne se fit pas prier.

Le couloir était plongé dans la pénombre. Certaines marches de l'escalier, vermoulues. Arrivés au deuxième étage, elle lui désigna la porte à imposte. Chartier tendit l'oreille. De l'autre côté du battant lui parvenaient des soupirs de contentement. Ceux d'une femme. Chartier hésitait. La fille le secoua par la manche. Il se décida. Du plat du pied, le mouchard dégonda la porte et se rua dans la pièce.

La femme qui était allongée sur la couche poussa un hurlement et l'homme qui se trouvait sur elle roula en bas du lit. Ce qui frappa Chartier, c'est que ni l'un ni l'autre n'étaient déshabillés. « Tu es fait, Cartouche ! » hurla-t-il en brandissant son poignard. Simultanément, il ressentit un choc dans le bas des reins consécutif à un coup de pied donné avec autant de force que de justesse et qui le propulsa la tête en avant sur le plancher où il se retrouva à quatre pattes. Dans sa chute, il avait laissé tomber son poignard. L'homme qui avait sauté au bas du lit, émergea. La femme, elle, n'avait pas bougé d'un pouce. Il ne lui restait plus qu'à se retourner pour que son agresseur invisible se matérialise. Ce qu'il fit. Avec une infinie lenteur.

L'homme était jeune. Il se tenait debout, les bras croisés, une esquisse de sourire amusé sur les lèvres. Ses cheveux étaient noirs, plutôt longs. Ses yeux extrêmement mobiles. Ce qui frappa le plus Chartier, ce fut sa taille. Il ne devait pas mesurer plus de cinq pieds. Peut-être moins. Il aperçut aussi la raccrocheuse qui l'avait attiré dans ce traquenard : elle se tenait dans l'embrasure de la porte, juste derrière l'homme qui l'avait agressé par derrière et qui ressemblait comme deux gouttes d'eau à la description du dénommé Cartouche. La fille fixait Chartier droit dans les yeux avec une grimace de dégoût. Ce fut la dernière image de la vie qu'il emporta avec lui en enfer. Rapide comme l'éclair, Cartouche avait dégainé son poignard pour le lui planter dans la gorge. Sale temps pour les mouches...

Paris, 16 décembre 1720, rue Vieille-du-Temple, huit heures du soir. L'archer du guet Pépin descendait la rue des Filles-du-Calvaire en se gardant de ne pas respirer trop, tant les émanations de l'égout à ciel ouvert, qui courait jusqu'à Chaillot, empuantissaient l'atmosphère. Il allait prendre son tour de garde place de l'Hôtel-de-Ville et hâtait le pas car il était en retard. Il venait de rendre visite à un cousin valétudinaire comme il en avait pris l'habitude depuis plus de six mois. Les fonctions d'archer qu'il remplissait avec un certain prosély-tisme consistaient, selon Nicolas Delamare, auteur d'un magistral *Traité de la police* à interpeller et arrêter ceux qui commettaient des crimes ou semaient le désordre dans les rues ou les lieux publics au cours de la nuit. Ils étaient dans l'obli-gation de tenir un registre de main courante pour tous les actes délictueux auxquels ils étaient confrontés. Pour les crimes de sang, l'archer du guet se devait d'avertir aussitôt le commissaire de quar-tier, seul habilité, dans ces cas-là à procéder aux interrogatoires. « Les registres du guet et de la garde, note Arlette Farge, tenus au jour le jour, sont une source étonnante. À travers eux transparaissent [notamment] les dénonciations faites par les particuliers pour de petits délits qui n'ont pas assez d'importance pour être dénoncés en forme. Quand on ne porte pas plainte officiellement, on passe devant le commissaire ou bien on prévient le guet. On porte alors plainte un peu comme on vient demander un conseil ou grogner contre le dernier coup du sort. » Les archers du guet comme les soldats de la garde étaient aux habitants de la capitale ce que la partie émergée de l'iceberg est aux bateaux : la face visible de la banquise policière mais, en même temps aussi, sa base implantée. Pépin était de ceux-là et même des plus redoutables.

Ce soir-là, alors qu'il entrait dans la rue Vieille-du-Temple, il vit venir droit sur lui un homme de petite taille à la démarche féline qui tira son épée du fourreau au dernier moment et le transperça de part en part sans lui avoir laissé l'ombre d'une chance. Mais c'eût été perdre son temps. Cartouche était un trop fin tireur pour se laisser embrocher par un archer du guet, s'appelât-il Pépin...

*
* *

Paris, 18 décembre, rue Notre-Dame, neuf heures du matin. Le lieutenant de robe courte Huron avait encore trois heures à vivre. Il avait passé sans encombre les deux premières dans le lit de sa maîtresse avec qui il venait de faire sa nuit puis une partie de celle qui lui restait à déjeuner et à se vêtir. Ensuite, un fiacre devait le conduire de la rue de la Verrerie à la rue Notre-Dame où il avait rendez-vous. Le cocher dont il avait loué le fiacre pour la journée n'était pas à l'heure et Huron commençait à s'impatienter. Enfin, il l'aperçut, déboulant à bride abattue et manquant de renverser au passage plusieurs piétons qui lui crièrent des insanités. À peine eut-il tiré les rênes que Huron s'engouffra dans l'habitacle, lui hurlant l'adresse et l'incitant à reprendre son galop. À neuf heures tapantes, le fiacre entra dans l'île de la Cité. Tandis qu'il remontait la rue Notre-Dame, laissant derrière lui l'hôpital des Enfants trouvés, un homme sauta prestement sur le marchepied, dégaina son pistolet et fit feu sur le lieutenant de robe courte qui se tassa sur lui-même et mourut sur le coup. La vitesse d'exécution du meurtre avait été telle que personne ne s'était rendu compte de rien et Cartouche sut mettre à profit un ralentissement du cocher pour se fondre dans la foule.

Toutefois, dès le lendemain, un ordre fut établi dans lequel était prescrite l'arrestation par tous les moyens du nommé Cartouche. Cette arrestation intervint trois jours après, le 21 décembre 1720, rue Guénégaud vers sept heures du soir. Le brigand venait d'y attaquer pour le voler l'officier-ingénieur Louis de Traneuse, mais celui-ci avait réussi à appeler la garde qui tomba sur son agresseur à bras raccourcis. Interrogé par le commissaire du quartier, et s'étant présenté sous le nom de Lamarre, Louis-Dominique Cartouche fut formellement identifié par ce même policier et envoyé sous bonne escorte à la prison de For-l'Évêque.

TROISIÈME PARTIE

CARTOUCHE.

Sur l'autre rive du Pont-Neuf en venant de la place Dauphine, entre le quai de la Mégisserie (anciennement quai de la Saunerie) et la rue Saint-Germain-l'Auxerrois (anciennement Saint-Germain-aux-Courroiers), se dressait l'ex-prison épiscopale, devenue prison royale en 1674, de For-L'Évêque.

De dimensions assez modestes, elle accueillait des détenus enfermés par lettre de cachet, des individus en attente de jugement, des personnes endettées. « Ses prisonniers, explique Jacques Hillairet, y jouirent toujours d'une très bonne liberté, sauf ceux détenus dans les cachots. Il semble qu'à part l'obligation forcée dans laquelle ils étaient de vivre à l'intérieur de la prison, ils y faisaient à peu près tout ce qui leur semblait bon. Les uns recevaient ; d'autres installèrent un véritable tripot ; des galants y contèrent fleurette ; un nouvelliste, arrêté comme tel, continua à envoyer sa copie à ses abonnés ; un faussaire à fabriquer des billets de loterie qu'un de ses amis venait retirer pour les écouler... »

Louis-Dominique Cartouche, lui, ne bénéficia pas de ces avantages. On l'envoya croupir au cachot noir et au régime sec. Chaque jour ou presque le conseiller-instructeur venait lui rendre visite et l'interrogeait sur nombre de délits dont on voulait lui imputer la responsabilité. La plupart du temps, Cartouche niait avec force, quelquefois il se laissait aller à des épanchements sans conséquence ; à de plus rares moments, et de guerre lasse, il avouait quelques délits mineurs. Face à lui, l'instructeur soufflait le chaud et le froid, brandissant tour à tour la carotte et le bâton. Il était surtout préoccupé de savoir où se trouvait le suspect le soir du meurtre de Mondelot. C'était chez ce petit homme joufflu comme une obsession. Et Cartouche se demandait bien pourquoi la disparition d'un ouvrier-tanneur causait à ce magistrat autant de soucis. Il obtint la réponse qu'il cherchait, le 9 janvier 1721, quand on le confronta à un voleur, incarcéré comme lui, et qui avait avoué être présent ce fameux soir à *La Grande Pinte*. L'homme déclara reconnaître Cartouche et l'accusa du meurtre. Le brigand ne broncha pas. Mais dès que l'homme fut emmené, il se précipita sur le greffier, lui arracha le procès-verbal, le mit en pièces et en ingéra même quelques morceaux de choix. Il fallut tout reprendre à zéro.

Les allées et venues entre le cachot et la salle des interrogatoires permettaient à Cartouche un parfait repérage des lieux. Le 19 janvier, on le transféra dans une étroite cellule avec vue sur la rue des Fuseaux. S'y trouvait déjà un autre détenu que le brigand flaira d'emblée comme un mouton, placé là pour le faire parler. Cartouche joua le jeu, inversant simplement les propos qu'il tenait au conseiller-instructeur, ce qui eut pour effet de jeter la confusion. On redéménagea le mouton et Cartouche se retrouva seul. Le 24 janvier, le Parlement rendit un arrêt stipulant que ledit Cartouche appréhendé et incarcéré sous le nom de

Lamarre devait être interrogé sur les faits et mis en présence de ceux de ses complices également détenus qui avaient prononcé son nom.

Les interrogatoires se poursuivirent sans apporter beaucoup d'eau au moulin de l'accusation ; des confrontations eurent lieu sans rien engranger de décisif. Les jours passaient jusqu'à faire des semaines. Cartouche s'était totalement familiarisé avec l'endroit et ses travers. Il avait déjà échafaudé son plan dans les moindres détails. Un instant, il avait envisagé de rééditer le coup du comte de Bucquoy qui s'était fait la belle de ce même For-l'Évêque en mettant le feu à la porte de sa cellule et en s'échappant par le grenier. Depuis, il avait trouvé mieux et, surtout, moins risqué.

L'un des aides-charbonniers qui venaient livrer le combustible à la prison était à peu près de sa taille. Cartouche avait étudié le manège des allées et venues avec une précision métronomique. La charrette à bras arrivait dans la cour du For-L'Évêque par la rue Saint-Germain-l'Auxerrois. L'aide-charbonnier déchargeait les cinq sacs tandis que son employeur réglait les problèmes d'intendance avec le concierge. Pour rejoindre la cour, à partir de la cave, il fallait grimper un escalier de seize marches, franchir un couloir au bout duquel se tenait un guichetier. La prison n'en comptait que trois en tout et pour tout. Non parce qu'elle était de faibles dimensions ou que ses prisonniers n'y étaient pas en surnombre, mais parce que le concierge ne tenait pas à en rétribuer davantage, car c'est lui qui devait les payer sur ses propres gages. Le guichetier posté au fond du couloir qui ouvrait sur la cour ne prêtait que peu d'attention à l'aide-charbonnier. Il commencerait seulement à se poser des questions s'il mettait trop de temps entre le déchargement de deux sacs. Il faudrait donc agir vite. Ce n'était pas pour déplaire à Cartouche qui avait choisi d'intervenir entre le quatrième et le cinquième passage. De la sorte, le guichetier le verrait sortir puis entrer et sortir à nouveau.

Le jour venu, il crocheta sans difficulté la serrure de sa cellule et se glissa dans le couloir sombre en direction de la rampe d'escalier qui conduisait aux cuisines et à la cave à charbon. La porte était ouverte. Si Cartouche ne s'était pas trompé dans ses calculs, l'aide-charbonnier devait en être à son troisième sac. Il entra dans le réduit et se plaqua contre la paroi située dans le prolongement de la porte. Sa petite taille lui permit de demeurer debout. Quelques pouces de plus et il aurait été obligé de patienter dans une position à la fois plus inconfortable et plus risquée. Il perçut enfin le pas saccadé de l'aide-charbonnier. Il s'approchait, un sac sur l'échine. Cartouche entendit les sabots cloutés hésiter au bord de chacune des marches par crainte de la chute. Il commença de compter. À treize, il se prépara, les paumes un peu moites. Il s'était déjà enduit les mains et le visage de charbon. Il finit par apercevoir la silhouette courbée sous le poids qui, d'un mouvement leste de l'épaule, se débarrassa de son fardeau. Profitant du bruit causé par le déversement, Cartouche fondit sur sa proie. La réduire au silence fut un jeu d'enfant. Il se dévêtit puis déshabilla l'aide-charbonnier avant d'endosser ses habits. Il mit le corps à l'abri des regards éventuels, le bâillonna et le ficela, s'empara du sac vide et monta quatre à quatre les marches pour récupérer un peu de temps. Il passa devant le guichetier sans que celui-ci n'ébauche le plus petit coup d'œil. Parvenu dans la cour, il chargea le dernier sac sur son épaule et accomplit le trajet inverse. Dans la cave, il vérifia une fois encore l'état de sa victime, regagna le couloir, puis la cour où l'attendait le charbonnier. Sans se retourner, l'homme commanda à son mulet d'avancer. Cartouche avait pris place à l'arrière de la charrette, le dos tourné au conducteur, les pieds ballants dans le vide.

Ils sortirent de For-L'Évêque par la rue Saint-Germain-l'Auxerrois et prirent la direction de la rue du Roule. Mais à peine eurent-ils atteint la rue Boucher que Cartouche sauta à bas de la charrette, jeta ses sabots et s'enfuit à toutes jambes. Il n'était pas loin d'onze heures du matin, ce 2 mars 1721.

L'évasion fit grand bruit. Le concierge de For-L'Évêque fut longuement entendu de même que les trois guichetiers, le charbonnier et son aide. On décréta le dénommé Louis-Dominique Cartouche de prise de corps. Toutefois, note Frantz Funck-Brentano, « en vertu de l'ordonnance criminelle de 1670 l'instruction ne pouvait être reprise qu'après assignation nouvelle par voies d'affiches et de cri public. Ce cri devait se faire au son des trompettes et des tambours. Le crieur n'était généralement accompagné que de deux témoins. Pour Cartouche, on crut devoir mettre en mouvement tout un appareil militaire... »

C'est ainsi qu'en ce 28 mars de l'an de grâce 1721, le crieur en question se trouva flanqué d'une vingtaine d'archers à cheval et d'une soixantaine à pied. Pas moins. Cette armada s'en alla courageusement dans Paris où le crieur hurla l'ordre du roi et du Parlement quand, soudain, place de la Croix-

Rouge, à l'énoncé du nom de Cartouche, un homme jeune de petite taille, le cheveu noir plutôt long, fit entendre sa voix au milieu de la foule : « Cartouche ? Me voici ! »

Le crieur avala sa langue. Les archers du guet se mirent en formation et les curieux qui s'étaient assemblés commencèrent à se retirer prudemment. Il en demeura une bonne trentaine, disposés de telle manière qu'ils encerclaient la troupe. De surcroît, ils étaient armés d'épées ou de bâtons munis à leur embout de grosses boules de fer et tous portaient, glissés dans leurs ceintures, un voire deux pistolets. Ce que voyant, l'exempt de service adressa un signe au crieur qui s'empressa de tourner casaque et toute la troupe regagna ses quartiers sous les rires et les sarcasmes d'une populace à la fois soulagée que le sang n'ait pas coulé et déçue qu'un affrontement n'ait pas eu lieu.

Un mois plus tard, jour pour jour, un jeune homme élégant et de belle prestance prenait place dans la diligence la plus connue du royaume, celle qu'on nommait familièrement *Le Courrier de Lyon*. Brillant chirurgien, issu d'une famille de la grande bourgeoisie rhodanienne, il vivait la plupart du temps dans l'ancienne capitale des Gaules et ne se rendait à Paris que quelques semaines par an, à la faveur de l'été. Mais en ce 28 avril 1721, le ciel n'en était encore qu'à un bleu printanier et il soufflait un vent du nord qui mordait durement les visages à chacune de ses rafales. Avec le chirurgien, cinq autres personnes étaient montées dans le carrosse de voiture qui allait rallier Paris via Mâcon, Chalon, Sens et Melun. Parmi ces voyageurs, tous fort bien vêtus, se trouvait une jeune et jolie femme à la chevelure châtain qu'en d'autres circonstances le chirurgien n'aurait pas manqué de courtiser. À ceci près donc, qu'il ne voyageait pas pour son agrément et que sa destination finale n'était pas Paris.

À Mâcon, la diligence marqua un arrêt d'une demi-heure, le temps pour le postillon et son adjoint de changer l'attelage et de jeter un œil au sabot de frein qui paraissait montrer quelque déficience. Le ciel s'était brusquement couvert et des nuages lourds et noirs s'amoncelaient au-dessus des têtes. La diligence repartit, tirée par six chevaux frais et essuya l'orage quelques lieues plus loin. Au premier éclair qui anticipa le coup de tonnerre, le voyageur dont l'embonpoint n'avait d'égal que sa volubilité se tut instantanément. À l'extérieur, un des chevaux de tête renâcla un peu, ce qui suffit à surprendre le cocher. La voiture produisit une légère embardée. Le chirurgien observa les réactions de ses compagnons de route. La jeune et jolie femme, qui occupait une place d'angle, s'était tassée contre le capiton du panneau latéral ; les phalanges du vieil abbé avaient blanchi sur la couverture d'un livre qu'on s'arrachait depuis plusieurs semaines et qui portait en titre : *Les Lettres persanes* ; la mère de famille avait saisi son jeune fils à l'épaule et le pressait contre son flanc. À un certain moment, le regard du chirurgien croisa celui de la jeune femme ; il ébaucha un sourire, elle baissa les yeux.

Ce fut un peu avant Chalon que tout se dénoua. À la sortie d'un virage, le postillon aperçut six gardes françaises à cheval qui barraient le passage. Il tira à fond sur les rênes, hurlant l'ordre à son attelage de stopper. L'onomatopée produisit l'effet escompté et la diligence s'arrêta à quelques pas des six gardes. L'un des cavaliers s'approcha du siège où le cocher et son adjoint faisaient banquette,

tandis que les cinq autres entourèrent le véhicule.
« On recherche un homme, par ordre du Roi »,
lança l'homme au cocher. Et il lui fit une description qui correspondait trait pour trait à celui de
l'élégant chirurgien. Méfiant, l'adjoint du
postillon, qui était armé, demanda à l'homme de
la garde s'il possédait un ordre écrit. Celui-ci le lui
remit.

À l'intérieur de la diligence, chacun retenait son
souffle et personne n'osait pointer son nez en
direction du chirurgien. L'adjoint du postillon
quitta son siège et vint ouvrir la porte. « Mesdames
et messieurs, si vous voulez bien descendre, ce ne
sera pas très long ! », invita-t-il. Puis il s'écarta. Un
à un les passagers sortirent du carrosse de voiture.
Le chirurgien fut le dernier à obtempérer. À peine
eut-il posé le pied sur le plancher des vaches qu'un
des six gardes dégaina son pistolet et fit feu sur
l'adjoint du cocher qui s'écroula. Il y eut des cris
parmi les voyageurs. Le chirurgien se dirigea vers
l'avant et commanda au postillon de descendre.
Celui-ci roulait de gros yeux, regardant tout autour
de lui, aussi stupéfait qu'apeuré. Six pistolets
étaient pointés dans sa direction. Il s'exécuta et
rejoignit le groupe de passagers. Le chirurgien
s'approcha de la malle-forte et l'ouvrit. Il fit un
signe à l'un des six gardes qui vint le rejoindre,
pendant que deux autres s'occupaient des voyageurs, raflant leurs bijoux, détaillant la galerie à
bagages, avant de les ficeler et de les bâillonner. Les
quatre cassettes extraites de la malle-forte conte-
naient pour plus de deux cent mille livres en
argent. Leur butin chargé, l'un des gardes ramena
un cheval de derrière un bosquet qu'enfourcha
aussitôt le chirurgien, et les sept hommes s'enfuirent au galop.

Arrivés à une auberge, qui était un repaire de cartouchiens, les malfaiteurs firent tous ripaille puis chacun encaissa sa part, le reste allant au fonds commun car il fallait soudoyer beaucoup de gens dès qu'il s'agissait de monter de gros coups ; en payer d'autres, aussi, pour qu'ils sachent se taire ; et d'autres encore pour les faux témoignages, les alibis et tout un éventail d'autres biens de première nécessité pour une bande telle que celle-ci. Après quoi, les sept hommes se séparèrent. Seul le chirurgien demeura sur place, à l'auberge, pour y passer la nuit. Dans sa chambre, il ôta ses moustaches et ses favoris postiches, se défit de ses petites lunettes rondes cerclées d'or, roula ses vêtements en boule avant de les faire brûler dans l'âtre puis il guetta le pas de la jeune Marion, nièce de l'aubergiste, qui devait lui monter sa tisane et des habits neufs. Il s'impatienta un peu car il avait soif et pas seulement de tisane.

Il fut arrêté trois mois plus tard, lors d'une autre attaque de diligence, en Gironde cette fois. Soumis à la question ordinaire et extraordinaire, il ne livra qu'un seul nom, le sien : Jacques Pellissier.

La foule de ceux qui étaient venus voir mourir le petit Griffon était dense. Parmi eux, se trouvaient le Lorrain et trois autres cartouchiens. La potence avait été dressée sur la grande place de Meaux et l'on n'attendait plus que le supplicié. Il arriva, debout sur son tombereau, mains liées dans le dos et chevilles entravées. En voyant ce corps encore jeune sur lequel les instruments de torture avaient exercé leurs marques de souffrance, le Lorrain ne put réprimer un frisson. « Jamais ça ! » jura-t-il en son for intérieur. Ce n'était certes pas la première fois qu'il voyait un sujet tourmenté conduit à la corde, au billot ou à la roue et, lui-même, avait déjà commis plus d'une atrocité. Mais ce visage et ce corps-là le touchaient de plus près que tous les autres, eussent-ils été de ses victimes ou de celles du bourreau légal. L'amitié qu'il nourrissait à l'égard du jeune apprenti-serrurier l'empêchait de penser objectivement. À la limite, même l'âge du condamné n'entrait pour rien dans sa colère et son chagrin. Seule jouait l'affection qu'il lui avait portée et qu'il lui portait encore à l'heure du trépas. Il ne pouvait pas davantage se sortir de la tête que c'était pour lui que le petit Griffon avait égorgé un mouchard pendant son sommeil ; un de ces sales indicateurs qui s'apprêtait à le dénoncer à ses supérieurs et, notamment, à l'aide-major Pacôme. À la seconde où le bourreau serra le nœud autour du cou de l'adolescent, il sembla à l'écuyer-soldat Duchâtelet que c'était sur sa propre gorge que la corde coulissait. Il lui sembla également que le regard du jeune Griffon chercha à capter le sien au milieu de cette foule dont le Lorrain espéra un mouvement. Il devenait, en effet, de moins en moins rare d'assister à des manifestations de mauvaise humeur voire de rébellion populaire au pied des échafauds. Plus d'une fois, selon l'expression même d'un lieutenant général de police, on avait dû avoir recours à des mesures « chagrinantes pour le peuple et humiliantes pour l'autorité ». Mais ce jour-là, sur la grande place de Meaux, rien ne bougea. À peine quelques murmures très vite couverts par le roulement des tambours. La condamnation s'appliqua, la foule s'émietta et ce fut tout...

Le 11 juin 1721, douze hommes dont Cartouche, Duchâtelet et Rozy se donnèrent rendez-vous rue des Petits-Augustins, non loin de l'hôtel Desmarets, déserté de ses occupants. C'était un dénommé Ratichon, indicateur de la bande, qui avait amené l'affaire et transmis tous les renseignements. Crocheter la serrure de la porte d'entrée releva de l'exercice élémentaire. Onze ombres chinoises se glissèrent à pas de loup dans la vaste demeure. Le douzième monte-en-l'air demeura dehors pour assurer le guet. Ses compagnons inspectèrent toutes les pièces et, en moins de quinze minutes, ils réunirent tout ce qui pouvait se monnayer un bon prix.

À l'extérieur, la sentinelle, un nommé Thomas Marcadet, trouvait malgré tout, le temps long. Il observait, depuis peu, un homme ivre qui avançait en titubant dans la rue, chantonnant un air paillard. Plus il se rapprochait, plus Marcadet dit l'Hirondelle s'inquiétait. Si ce crétin venait faire du grabuge devant l'hôtel, il risquait d'alerter la vigilance de la garde ou du guet et cela pouvait mal se terminer. C'est pourquoi il résolut d'assommer le poivrot dès qu'il serait à sa hauteur. Ils n'étaient plus qu'à quelques pas l'un de l'autre quand l'ivrogne stoppa net, décontenancé par cette présence que ses brumes vineuses l'avaient empêché de discerner jusqu'ici. Son corps se mit à osciller comme un balancier d'horloge et Marcadet crut bien qu'il allait s'étaler de tout son long sur le pavé. Au lieu de cela, il pointa un doigt dans sa direction, ouvrit la bouche pour dire quelque chose, parut se raviser et finit par foncer tout droit sur l'Hirondelle. Celui-ci le laissa venir, pensant que ce serait encore plus facile de s'en débarrasser, mais il se trompait. Car à peine l'eut-il rejoint que l'ivrogne, dégrisé comme par miracle, lui expédia un coup de poing à l'estomac et un autre sur la tempe qui étendirent Marcadet pour le compte. Aussitôt, l'homme émit un signal discret et l'on vit la rue des Petits-Augustins envahie par une cohorte de gardes françaises et d'archers, armés jusqu'aux dents. En quelques secondes, le quartier fut entièrement bouclé, l'hôtel Desmarets encerclé.

Quand la porte d'entrée s'ouvrit et qu'Antoine Descroix dit Tête de Mouton apparut sur le seuil, deux mains le saisirent aux revers, la crosse d'un mousquet s'abattit sur son crâne. Il eut juste le temps d'amorcer un cri qui s'étrangla dans sa gorge. À l'intérieur, une voix de stentor hurla : « On est faits ! La maison est encerclée ! » Dans les pièces, ce fut comme une envolée de moineaux. Archers, gardes et exempts y pénétrèrent à leur tour. On croisa le fer, des coups de feu partirent. Les sept cartouchiens qui restèrent debout se réfugièrent dans la pièce principale où se trouvait une cheminée. Cartouche se précipita dans l'âtre, écarta les chenets, s'engouffra dans l'avaloir et entama son ascension dans le conduit à fumée. Parvenu sur le toit, il avisa, légèrement en contrebas sur l'arrière de la bâtisse, une sorte de vasistas qu'il réussit à ouvrir. Se glissant par l'ouverture, il se laissa tomber. Le plancher n'était pas trop bas, sa souplesse fit le reste. Il se retrouva dans les combles. La soupente était encombrée de matelas, de malles en osier, d'un lit-cage démonté et d'autres objets usuels en désordre. Cartouche quitta le réduit et commença de descendre quelques marches.

De l'autre aile de l'hôtel particulier parvenaient des cris, des ordres, des bruits de pas et de lutte. En silence, il gagna le rez-de-chaussée et s'engagea vers l'office. Des uniformes de marmi-

tons pendaient à une patère. Il quitta ses habits et
se travestit en gâte-sauce, dissimulant ses pistolets
sous son accoutrement. La porte de la cuisine
ouvrait sur une cour. Trois soldats montaient la
garde. Cartouche écarta le battant et leur apparut.
Surpris, les trois hommes braquèrent leurs mous-
quets vers lui mais, voyant qu'ils avaient affaire à
un domestique, ils baissèrent aussitôt leurs armes.
L'un d'eux l'interpella : « Où on en est avec ce
Cartouche ? Est-ce qu'on l'a enfin capturé ? » Le
faux marmiton laissa fuser un sourire malicieux.
« Pas tout à fait, répondit-il, puisque je suis là ! »
Et de dégainer ses pistolets en faisant feu deux fois.
Un projectile traversa la gorge d'un des soldats, un
autre frappa le deuxième au bras gauche. Le dernier
des trois était en position de tir quand il reçut un
violent coup de pied dans la hanche. Sa balle alla
se perdre dans les arbres et avant qu'il n'eût réagi,
Cartouche lui avait asséné la crosse d'un de ses
pistolets sur le crâne.

La nuit était épaisse. Le brigand s'y enfonça à toute allure après s'être défait de sa toque un peu trop voyante. Quelques heures plus tard, vêtu de neuf, il retrouva Duchâtelet (qui avait pu s'enfuir grâce à la complicité de trois gardes françaises) dans une chambre du cabaret *La Pie*, faubourg Saint-Laurent. C'est de sa bouche qu'il apprit la capture de Rozy dit le Chevalier le Craqueur, l'un de ses principaux lieutenants.

Il avait beau tourner et retourner le problème dans sa tête, il en arrivait toujours à la même conclusion. Ratichon les avait trahis et, depuis dix jours, demeurait introuvable. Rozy avait été pris qui connaissait l'essentiel des faits et gestes de l'organisation. Ces deux aspects de la question n'étaient pas faits pour le rassurer. D'un côté un traître et combien d'autres après lui, mussés dans l'ombre, qui s'apprêtaient à sauter le pas contre une promesse de vie sauve ? De l'autre, un de ses hommes clés qui ne résisterait peut-être pas aux brodequins ou au supplice de l'eau. Ajoutons à cela Jean Balagny dit le Capucin en fuite on ne savait où et le moins qu'on pouvait dire était que les cartouchiens se débandaient.

Forte de ces coups de béliers dans l'édifice, la police du Régent allait intensifier ses recherches, étendre son rayon d'action. Les descentes allaient redoubler dans tous les lieux publics, le travail des mouches décupler et ainsi de suite. En un mot comme en mille, le métier de brigand allait devenir intenable. En outre, le gouvernement avait pris des décisions extrêmement restrictives sur le port d'armes. Barbier notait dans son *Journal* : « Il est défendu à tous les armuriers de vendre ou d'avoir chez eux aucun pistolet de poche ni de baïonnette. On en fait la recherche, même chez les particuliers. Il y a un tiers de l'amende pour le dénonciateur. Depuis deux ou trois jours, les commissaires de police en apportent des quantités que l'on brise publiquement. »

On l'a vu, Cartouche avait réussi à enrôler dans sa bande des individus dont beaucoup avaient pignon sur rue ou occupaient des fonctions proches du pouvoir lui-même. Les armuriers, au même titre que les aubergistes, cabaretiers, chirurgiens ou joailliers, y exerçaient un rôle capital. Les rafles et les surveillances, de plus en plus étroites et fréquentes, risquaient de changer la face des choses. Sans compter la tentation délatrice qui deviendrait monnaie courante au fil des jours. À cet égard, trois événements destinés à ralentir certaines ardeurs se produisirent coup sur coup en cette fin juin 1721...

Le premier fut la découverte d'un cadavre que le commissaire appelé sur les lieux identifia comme celui d'un de ses plus pugnaces indicateurs. Il avait réussi à infiltrer le réseau des cartouchiens par l'entremise de Jean-Baptiste Messié, récemment arrêté et enfermé à la prison de l'Abbaye, ordinairement réservée aux militaires mais qui hébergeait aussi quelques civils. Bonimenteur fort habile, cet indicateur avait persuadé Messié que ses renseignements sur les mouvements de police seraient pour la bande d'un apport inestimable. En gage de sa bonne foi, le commissaire l'avait autorisé à lâcher quelques informations de seconde zone. La sauce avait parfaitement pris et l'indicateur avait pu accéder à des renseignements qui aboutirent au démantèlement de multiples ramifications et à la capture d'une vingtaine de cartouchiens aguerris. Et voilà que le commissaire retrouvait son espion, plongé dans un fossé à purin, la tête à moitié emportée par une décharge de pistolet tirée à bout touchant. Le meurtre était signé.

Trois jours après, le 27 juin, ce fut le corps d'un nommé Bidel qu'on retrouva rue de Vaugirard. Un témoin qui avait assisté à la scène la décrivit comme suit : « Le trio était arrivé à la hauteur de cette pompe à peau (il s'agissait, en fait, d'une de ces pompes à incendie que le gouvernement s'était enfin décidé à importer de Hollande et qui remplaçaient avantageusement les seaux de cuir de La Reynie pour lutter contre le feu). Ils donnaient l'impression de deviser le plus tranquillement du monde quand le plus petit des trois demanda à la future victime si l'endroit où se cachait le fameux Cartouche était encore loin. L'autre, qui était en train de leur parler de son métier (marin de commerce), se tourna vers lui et dit qu'ils étaient presque arrivés. C'est à ce moment-là, monsieur le commissaire, que le troisième bougre a saisi la victime par le bras pendant que le plus petit lui plantait son poignard dans le cœur en lui crachant au visage que, grâce à lui maintenant, il faudrait payer plus de vingt mille livres pour l'avoir... »

L'ultime événement releva d'un registre plus comique mais fut tout aussi significatif quant à l'attitude de Cartouche face à la répression policière. Comme les mouches, de plus en plus nombreuses et actives, signalaient le chef des brigands à tous les coins de rues, celui-ci leur joua un tour de passe-passe à sa manière. Il mit beaucoup de soins à se faire « loger » au cabaret

La Madeleine, rue du Jour, en habit cannelle doublé de rouge. Semant avec son habileté coutumière ses poursuivants, il avait parallèlement disposé en plusieurs endroits de Paris une trentaine d'hommes à lui vêtus de la même façon. Et toute cette journée du 30 juin, la police crut bien être atteinte de berlue galopante car elle vit des Cartouches surgir de partout à la fois...

Néanmoins, la chasse à l'homme s'amplifiait. À tout l'arsenal répressif, on autorisa, écrit Frantz Funck-Brentano, « un certain nombre de soldats aux gardes à rôder de nuit à travers Paris, en costume travesti, armés jusqu'aux dents, avec mission d'arrêter Cartouche. Ils étaient ainsi quatre-vingt-dix. Le procureur du roi s'en plaignit vivement au ministre de la Guerre, en date du 31 juillet. Car ces gardes, la lie de la population, étaient eux-mêmes enclins aux plus grands crimes. » Cette disposition n'eut d'ailleurs aucun effet sur les cartouchiens qui réussirent à tourner la situation à leur avantage en se faisant eux-mêmes passer, près des archers du guet ou des gardes françaises, pour ces soldats vêtus en civils et occupés à traquer le Cartouche. Seuls les nantis eurent à pâtir de cette trouvaille du ministre Leblanc car, en plus d'avoir à faire front aux cartou-chiens, ils durent se défendre de ces vigilants très spécieux.

Une autre mesure, tout aussi inefficace quant à sa cible privilégiée, consista à multiplier les contrôles d'identité. « On arrêtait les étrangers en pleine rue, indique un chroniqueur de l'époque ; on les faisait descendre de carrosse et il fallait qu'ils justifiassent par des preuves authentiques ce qu'ils disaient du lieu de leur naissance, de leur métier et des causes de leur séjour à Paris. » Cela ne fit reculer ni la misère ni la crise financière ni la délinquance, ne rassura pas plus le noble que le peuple ou le bourgeois, mais permit certainement à la machinerie policière d'augmenter sensiblement la production de ses encartements...

Pendant ce temps-là, côté cour, le jeune roi fut pris d'un malaise. C'était au matin du 31 juillet 1721, à la messe. Était-ce dû à la chaleur étouffante, à une digestion difficile ? Quoi qu'il en soit, la fièvre s'empara de lui et le peuple se mit à prier pour son prompt rétablissement. De mauvais esprits soupçonnèrent l'entourage du Régent de lui avoir fait jeter un sort et les mauvaises langues de service firent circuler le bruit que le Régent lui-même l'avait fait empoisonner. Un jeune médecin, moins empêtré que ses augustes et expérimentés confrères, fit ingurgiter au malade un vomitif essentiellement composé de tartrate d'antimoine et de potassium qui eut pour effet quasi immédiat de dégager son estomac. C'est ainsi que le jeune Louis XV évita de rendre à Dieu l'âme qu'Il lui avait prêtée tout en restituant à l'un de ses serviteurs les dépouilles de ses plus récents repas. Le Bien-Aimé n'était peut-être pas tout à fait sain mais il était sauf. « Jamais, écrit Philippe Erlanger, on ne vit pareille allégresse. Un mois durant, la ville, pavoisée, illuminée, retentit du chant de *Te Deum*. Tous les corps de métiers, enrubannés de cocardes, défilèrent aux Tuileries, apportant des offrandes naïves [...]. Les dames de la Halle se signalèrent par leur zèle : elles achetèrent à frais communs un esturgeon gigantesque, organisèrent un bal en plein vent [...]. Les acclamations faisaient vibrer les fenêtres du palais. On vociférait : Vive le Roi et la régence au diable ! »

Pour sa part, c'était plutôt le *De profundis* que Cartouche faisait entonner aux familles de ses victimes. Ulcéré par les dénonciateurs, inquiet de voir ses plus proches compagnons tomber dans les filets tendus par le lieutenant général de police et ses sbires ainsi que ceux du ministre de la Guerre soi-même, l'idée qu'il pût être vendu ou simplement troqué l'obsédait. Même le violent Duchâtelet s'étonnait des emportements de son chef, de cette ère du soupçon permanent à l'encontre de tout ce qui ne bougeait pas au doigt et à l'œil dans le sens souhaité et aussi des représailles qu'il exerçait voire des exécutions sommaires auxquelles il procédait. Tout cela, songeait Duchâtelet, ne menait à rien de bon et ne ferait en aucun cas reculer les policiers. Cartouche déparlait, déraisonnait. Était-il toujours viable ?

Louis Marcant, l'un des plus fidèles cartouchiens, répondit pour lui-même à cette question courant août 1721. Il n'y avait que deux façons d'en finir : le dénoncer ou se dissocier. Le repentir en escomptant une mesure de clémence ou la séparation corps et biens. Il choisit de déserter, emportant avec lui l'adhésion du groupe qui, comme bien d'autres, ne tolérait plus les égarements de son chef et qui, surtout, ne se reconnaissait plus en lui. Ce dissociement brutal n'arrangea pas l'état d'esprit de Cartouche, légitima sa défiance et accrut sa sévérité autant que ses injustices. Même le retour de Balagny au sein de la troupe ne réussit pas à entamer ses humeurs de dogue.

Vers la fin septembre 1721, le marchand de vin Charles Bernard, fort de la défection de plusieurs membres de la bande, s'avisa de sortir des rangs. Le 3 octobre au soir, un complice de Cartouche vint le prévenir d'aller prendre l'air à la campagne avec toute sa famille et ce qu'il pourrait emporter. Le lendemain, à l'aube, un vingtaine de cartouchiens donnèrent l'assaut à la boutique et au logement, sis rue du Bac. On rafla ce que l'on pouvait emporter, on brûla ce qu'on ne pouvait pas voler. Prévenus par des habitants, les archers du guet intervinrent. De part et d'autre, on échangea des coups de feu. Les cartouchiens laissèrent sur le carreau seize des vingt compagnons qui avaient participé à cette mise à sac dont huit femmes : sept morts, trois blessés graves et six prisonniers. Cartouche, Duchâtelet, Beaulieu et Balagny furent les seuls rescapés. Mais une fois de plus, la sanction était passée très près. Trop sans doute au goût de certains qui, comme Cartouche, s'étaient vus contraints de lâcher leurs refuges douillets pour des caches inconfortables et sordides...

Jacques Tanton, l'oncle de Cartouche, fut libéré pour la énième fois de Saint-Lazare où il avait purgé une énième petite peine pour un larcin sans violence ni envergure. Tout au moins était-ce la version officielle car un indicateur de Cartouche, policier dans le douzième secteur, apprit qu'un des fils de Jacques Tanton avait été vu à plusieurs reprises en compagnie d'un exempt particulièrement acharné contre la bande. Cette information vint aux oreilles de Cartouche qui décida de se payer le traître. Le 7 octobre au soir, il lui fixa rendez-vous dans la campagne, après le Montparnasse, et lui plongea son épée en plein cœur. Sur quoi, il dissimula le cadavre de son cousin sous un tas de fumier où il fut découvert le surlendemain par le propriétaire du champ.

Quatre jours après, se produisit l'ultime exécution punitive commise par Cartouche sur un particulier. Celui-ci avait nom Jean Lefèbvre et son assassinat eut lieu dans la rue du Regard, faubourg Saint-Germain. Quatre hommes le perpétrèrent. Cartouche fut le premier à le blesser mortellement. Puis, chacun à leur tour, les trois autres se solidarisèrent du premier coup porté par leur chef. Duchâtelet dit le Lorrain ne lésina pas sur sa contribution. Éventrant le cadavre sous les yeux médusés de ses trois complices, il se lava les mains dans le sang de la victime.

Mais, dans un autre registre, Judas non plus n'avait pas été un mauvais disciple. C'était même l'un de ceux qui cernait au plus juste et au plus tôt la pensée du Nazaréen. Cela ne l'empêcha pas, au jour dit, d'accomplir sa sinistre besogne. Duchâtelet, en ce 11 octobre 1721, s'était montré à la hauteur de son chef même s'il se posait des questions à son sujet comme son ancêtre avait dû s'en poser après l'affaire des marchands du temple. Lui aussi, maintenant, était mûr pour la livraison.

Le commissaire Bizoron fut chargé d'enquêter sur ce meurtre de même qu'il était déjà engagé dans les assassinats du fils Tanton, du marin de commerce Bidel et du saccage de la rue du Bac. Ses supérieurs avaient toutes les raisons de croire que ces quatre forfaits étaient signés Louis-Dominique Cartouche. Il possédait aussi les signalements de trois de ses complices mais il n'était pas en mesure de mettre un nom sur les portraits décrits par les témoins. Le policier reçut du procureur du roi ordre de mettre un terme par tous moyens aux activités du dénommé Cartouche et de ses comparses. Cependant, Bizoron pataugeait un peu. Ce Cartouche avait plus d'un tour dans son sac et les nombreuses pistes sur lesquelles le commissaire avait lâché ses inspecteurs et ses mouches, s'étaient toujours terminées dans des impasses.

Jusqu'à ce 12 octobre 1721 où l'un de ses subordonnés l'avertit qu'une femme Martin, logeuse de son état, avait des déclarations à faire. Bizoron la fit entrer dans son bureau : « Voyons un peu ce que tu as à me dire de si important, mais sache que je n'ai pas de temps à perdre », l'avertit le commissaire. « C'est au sujet d'un nommé Duchâtelet qui loge chez moi, rue Galand », amorça la femme. « Eh bien va, je t'écoute ! » l'exhorta Bizoron. « Voilà. Ce Duchâtelet est écuyer-soldat aux gardes Françaises mais son comportement est des plus étranges. Il n'est pas chez moi depuis très longtemps mais il a l'air de mener grand train et découche souvent la nuit », indiqua la logeuse. Le commissaire haussa les épaules : « S'il exerce aux gardes, il a des devoirs, de jour comme de nuit. J'espère que ce n'est pas là tout ce que tu avais à me dire de si important ? » demanda-t-il. « Pas vraiment, monsieur le commissaire. Parce qu'en fait, voyez-vous, son uniforme ne bouge pas de sa chambre quand il sort et, hier soir, à son retour, sa culotte et sa chemise étaient tachées de sang », précisa-t-elle. « Comment sais-tu cela ? Tu le surveilles donc ? » questionna Bizoron. « Non. Mais je suis montée tout à l'heure dans sa chambre. J'ai vu ses vêtements et j'ai entendu parler du meurtre de la nuit dernière. J'ai cru bon de vous prévenir, c'est tout. » Le commissaire regarda son informatrice spontanée sans aucune espèce d'aménité. « Rentre chez toi et tiens ta langue ou je te le ferai payer cher. Nous allons nous occuper de ce Duchâtelet. » Il attendit que la femme Martin eût vidé les lieux avant d'appeler un de ses collaborateurs. « Cette fille qu'on a arrêtée, il y a trois jours, pour recel d'objets volés, tu t'en souviens ? » L'autre fit mine de réfléchir. Bizoron eut un mouvement d'impatience. « L'anquilleuse, vous voulez dire ? » hasarda l'inspecteur. « Oui, l'anquilleuse. Celle qui se trimballait avec toute une quincaillerie volée sous ses jupes. Comment s'appelle-t-elle ? » L'adjoint eut un rire gras : « Elle avait même une montre dans sa... et... » Bizoron éleva la voix : « Je me contrefiche de la montre et du reste comme d'une guigne ! Est-ce que tu te souviens de son nom ? » rugit-il. « Ma... Madeleine Davenne, bafouilla l'inspecteur. On l'a internée à la maison de force de la Salpêtrière, cour Sainte-Claire. »

Bizoron s'y rendit dans l'heure après avoir relu le procès-verbal d'interrogatoire. La fille lui fut amenée aussitôt. Elle était avenante, bien faite malgré ses traits tirés et ses cheveux qu'on avait coupés ras comme l'exigeait le règlement. Elle portait un bonnet rond, une chemise de grosse toile, une robe de bure grise, des bas gris et ses pieds chaussaient de gros sabots. « Tu es bien Madeleine Davenne ? » interrogea le commissaire pour commencer par quelque chose. La fille acquiesça d'un signe de tête. « On me dit que tu en as pris pour dix ans. Ça fait long », poursuivit le policier, attendant une réplique qui ne vint pas. « Si je pouvais faire réduire ta peine de moitié, peut-être plus, est-ce que tu m'aiderais ? » La fille daigna porter son regard vers le sien. « As-tu entendu parler d'un certain Duchâtelet ? » demanda-t-il. Elle approuva du même signe de tête. « Il paraît

qu'il est en affaire avec le dénommé Cartouche.
J'aimerais lui parler... » La fille sourit. « Juste lui
parler ? » fit-elle d'une voix éraillée. « C'est ça, oui.
Lui parler et seulement lui parler », insista le
commissaire. « Ça ne va pas être facile, mais je sais
qu'il est en très bons termes avec un certain
Pacôme, aide-major du régiment des gardes françaises. Peut-être que par lui... » Le policier fronça
les sourcils : « Tu es en train de me dire que
Pacôme serait acoquiné avec ton Duchâtelet et
Cartouche ? » Le visage de la fille se referma :
« D'abord, ce n'est pas mon Duchâtelet. Et ensuite,
je n'ai jamais dit que Pacôme était mouillé dans
quoi que ce soit. Si vous voulez parler à Duchâtelet
de la façon que j'imagine, je vous conseille de
passer par Pacôme. Voilà ce que je dis. » Et elle se
leva. Pris de court, Bizoron l'imita. « Si ton renseignement vaut la peine, je tiendrai ma promesse »,
lui dit-il. La fille eut un regard las, lui tourna le dos
et s'éloigna...

D'abord, l'aide-major Pacôme se montra à la fois
hostile et furieux. Il tempêtait, frappant du poing
sur le plateau de la table pour scander chacun de ses
mots. Le commissaire attendit qu'il se fût calmé
pour lui réitérer son offre que Pacôme finit par
accepter en maugréant. Mais c'était juste pour la
forme.

François-Louis Duchâtelet parut (mais on devrait
plutôt dire comparut) devant son supérieur le
13 octobre dans l'après-midi. Après avoir échangé
quelques civilités, Pacôme aborda le plat de résistance. Il connaissait le gaillard et savait comment
il fallait le mener. Aussi, ne le ménagea-t-il pas.
« Mon ami, je sais de bonne part que tu es l'associé
du dénommé Louis-Dominique Cartouche et que
tu as participé aux derniers meurtres qui se sont

faits. Avoue-le ou tu es perdu. Il n'y a pas de milieu. » Duchâtelet dit le Lorrain qui, dans l'action, savait garder son calme et, dans l'assassinat, se montrer parfaitement froid, fut abasourdi de ce discours et demeura comme pétrifié. Dans un premier temps, il protesta de son innocence, invoqua une terrible méprise et s'obstina à nier. Pour finir, il avoua. Alors, Pacôme fut sans pitié. Il l'obligea à répondre à toutes les questions, le pressant sans relâche. Quand il jugea qu'il en avait terminé avec lui, il laissa tomber : « Et maintenant, ou bien tu me dis où se terre ce Cartouche ou bien tu seras roué vif après être passé à la question. Pour y penser, je te laisse le temps que mettra ce sablier à se vider dans sa partie haute. Après, je choisirai pour toi. »

Il restait encore pas mal de grains de sable dans le vase ovoïde supérieur quand François-Louis Duchâtelet craqua irréversiblement.

Jean Courtade de Bernac, sergent fourrier dans la compagnie de Chabannes, fut désigné pour conduire l'opération. Duchâtelet ouvrirait la voie à la troupe composée de quarante hommes. En temps ordinaire, dénicher Cartouche dans un cabaret, un hôtel, un tripot ou tout autre lieu qu'il fréquentait, aurait relevé du jeu de hasard. Quatre années durant, et plus particulièrement ces douze derniers mois, les commissaires, inspecteurs, mouches et donneurs s'y étaient d'ailleurs cassés les dents. Ils eussent plus tôt fait de retrouver une aiguille dans une balle de foin. Mais, cette fois-ci, l'informateur était d'importance et le renseignement on ne peut plus sûr. Duchâtelet était de ces lieutenants qui connaissent tout de leur chef. Son plus proche compagnon avec Jean Balagny dit le Capucin.

À l'aube du 14 octobre, la troupe se mit en marche vers le cabaret *Le Pistolet* tenu par Germain Savard. Duchâtelet marchait en tête, une vingtaine de pas devant la troupe, le mousquet de Courtade pointé dans son dos. À la moindre anomalie, le sergent fourrier l'avait prévenu : il ferait feu sur lui. Mais Duchâtelet ne tenta rien. On lui avait promis la vie sauve en échange de Cartouche et il se conformerait au marché. Ce tueur froid, dépourvu de pitié, était devenu en quelques heures le plus docile des agneaux. Éviter la question et la roue, voilà tout ce qui lui importait. En fait, Duchâtelet avait tout d'abord indiqué deux cabarets possibles dans le même quartier. L'autre s'appelait *Le Mouton*. Mais des renseignements de dernière minute étaient venus confirmer *Le Pistolet*, entre Belleville et Ménilmontant, et c'est donc dans cette direction que marchaient les gardes. Ceux-ci avaient été triés sur le volet par Courtade, aidé de Duchâtelet, ce qui avait permis d'écarter du lot les brebis galeuses, membres de la bande. Les quarante soldats armés et vêtus en bourgeois qui approchaient, maintenant, du cabaret avaient été prévenus au dernier moment.

Duchâtelet aperçut le vieux Savard, assis sur une chaise, pipe au bec sur le perron du *Pistolet*. Il s'avança et lui demanda s'il y avait du monde là-haut. Le cabaretier répondit par la négative. « Y a-t-il quatre dames ? » interrogea alors François-Louis Duchâtelet dit le Lorrain. « Vous pouvez monter », dit simplement Germain Savard. Duchâtelet se retourna vers Courtade et lui fit signe de la main. Celui-ci ordonna à la troupe d'avancer.

Tout avait été mis au point avant le départ. Une quinzaine de soldats allèrent aussitôt se poster devant chaque ouverture susceptible de fournir une issue à d'éventuels fuyards. Deux autres grimpèrent sur le toit pour surveiller la cheminée. Le reste de la troupe se répartit dans le cabaret. Cartouche s'y trouvait en compagnie de quatre amis...

La porte de la chambre vola en éclats et aucun des quatre ne put esquisser le moindre geste. Beaulieu et Maire dit le Limousin devisaient en buvant près de l'âtre. Un certain Charles Blanchard dit Champagne était encore couché. Quant à Louis-Dominique Cartouche, il était assis sur un des lits, en chemise. Une forêt de bras les saisirent. On les encorda et on les sortit du cabaret sans ménagement. Quelques curieux, alertés par l'empoignade, s'étaient mis aux fenêtres, d'autres se rassemblaient dans la rue. Lorsque Cartouche parut, le cercle des badauds s'élargit pour lui faire de la place. Le voyant marcher pieds nus, les mains entravées, un des gardes se moqua de lui. D'une vive secousse, le brigand se dégagea des deux soldats qui l'encadraient et lança sa jambe très haut. Le soldat reçut le pied de Cartouche en plein gosier. Il eut un hoquet, perdit son équilibre et chuta lourdement sur son postérieur. La foule s'esclaffa. Les deux gardes qui avaient en charge le brigand se ressaisirent, reprirent leur prisonnier en mains, le firent grimper dans un fiacre qui l'emporta sous bonne escorte à l'hôtel du ministre de la Guerre, au grand dam du lieutenant général de police, tenu à l'écart et qui ne comptait tout de même pas pour rien dans cet événement. Car c'en était un et, quel que soit le camp, tous en avaient conscience.

Après sa visite au ministre, Cartouche fut conduit en prison dans la même tenue. On lui fit exécuter le parcours à pied afin de le montrer au peuple qui s'était rassemblé pour le voir car la nouvelle de son arrestation s'était répandue dans tout Paris comme une traînée de poudre. Le procureur du roi avait annoncé la bonne nouvelle au gouvernement précisant que, cette fois, tout avait été organisé pour dissuader la plus infime tentation d'évasion. Mais c'était aller un peu vite en besogne. La peau de Cartouche valait bien celle d'un ours et il était toujours présomptueux de vouloir la vendre avant de l'avoir dépecée.

Pour l'heure, en ce 14 octobre 1721, mieux valait se contenter de retenir que le redoutable chef de bande, Louis-Dominique Cartouche, avait été appréhendé au cabaret *Le Pistolet*, à la Courtille, quartier où il avait vu le jour vingt-huit ans auparavant. En cela, une boucle paraissait effectivement bouclée.

*
* *

Le système de défense adopté par le brigand était simple : retarder le plus possible l'instruction pour lui permettre de se retourner. Chevilles et poignets entravés de lourdes chaînes, six gardiens en faction permanente derrière la porte de son cachot et flanqué d'un compagnon de cellule encombrant, sa situation était plus que délicate. Il commença donc par nier s'appeler Cartouche et reprit un de ses pseudonymes dont il avait usé à maintes reprises : Jean Bourguignon. Son imagination n'étant jamais en peine, il s'inventa tout un passé. Mais la ruse ne prit qu'à moitié. Et Gilles Henry de noter que l'on inscrivit sur le registre d'écrou : « Cartouche (Dominique), qui s'est dit nommer Bourguignon Jean, Lorrain de Nation, a été amené prisonnier es-prisons de céans par moy, Jean Courtade de Bernac, sergent d'affaires, sergent fourrier de la Compagnie de M. de Chabannes, au Régiment des Gardes Françaises, accompagné du sieur Duval, commissaire inspecteur du Guet, de l'ordre de M. Leblanc, secrétaire d'État de la Guerre, pour y rester jusqu'à nouvel ordre. »

C'est de l'intérieur de ce cachot fortifié, que le prisonnier apprit successivement deux nouvelles. La première que François-Louis Duchâtelet dit le Lorrain, son donneur, avait également été enfermé dans la même prison, mais à l'écart et hors de portée des cartouchiens, incarcérés comme lui. Le procureur du roi avait fait donner des ordres écrits en ce sens : « J'ai eu l'honneur de voir ce matin Son Altesse Royale le Régent. Elle m'a dit qu'Elle accorderait sa grâce au dénommé Duchâtelet dit le Lorrain, écuyer-soldat au régiment des gardes françaises, après qu'il aura été jugé [...]. Ayant été décrété d'accusation, il est néanmoins nécessaire que son procès soit fait mais le procureur du roi sera le premier à solliciter l'entérinement des lettres de grâce, aussitôt après le jugement. » Tout cela importait peu à Cartouche. Sans aller jusqu'à dire qu'il ne reprochait rien à son ancien lieutenant, prétendre qu'il voulût sa mort et, éventuellement, la lui donner de ses propres mains, serait exagéré... La deuxième nouvelle l'affligea davantage : Jean Balagny dit le Capucin venait de se faire prendre à son tour, dans une maison de la rue de Tavanne. On l'avait écroué à la Conciergerie.

Cartouche, lui, avait été enfermé à la prison du Grand Châtelet, située tout au bout de la rue Saint-Denis, juste derrière le marché couvert de l'Apport-Paris. Avant lui, François Villon, Clément Marot et même Molière (entre autres) avaient eu à connaître la paille humide de ses geôles. Trois catégories de prisons, nous apprend Jacques Hillairet, composaient le Grand Châtelet : celles situées dans la partie haute pour les prisonniers de moindres délits, les prisons fermées pour ceux des détenus mis au secret, les cachots réservés aux fortes têtes ou aux captifs considérés comme dangereux. Ici, on était privé de lumière et pire encore d'air. Ce fut pourtant de l'un de ces culs de basse-fosse, qu'enchaîné et surveillé comme le lait sur le feu, Louis-Dominique Cartouche allait tenter l'impossible.

L'homme qui partageait son cachot avait exercé le métier de maçon. Ayant commis un crime de sang, il était lui aussi promis au supplice de la roue. Il ne fallut pas longtemps à Cartouche pour se faire à l'idée que son compagnon d'infortune n'avait pas été bouclé avec lui pour le faire jaboter. Mais, si ce n'était pas un mouton, il n'avait rien non plus d'un renard. Prisonnier de ses chaînes, Cartouche ne pouvait compter que sur lui pour exécuter un travail préparatoire dont il ne doutait pas du résultat favorable. Le brigand avait noté que plusieurs pierres d'un des murs étaient empreintes d'humidité. Le tout était de savoir si, derrière ce mur, se situait le plus bas cachot surnommé la Fosse (dans lequel on déversait littéralement les prisonniers en les expédiant au bout d'une corde manœuvrée par une poulie) ou si se trouvait la Seine, enjambée par le Pont-au-Change via la rue du Trop-va-qui-Dure. Si tel était le cas, l'air libre n'était pas loin. Mais pour cela, il faudrait creuser et les entraves qui le liait pieds et poings représentaient un sérieux handicap. C'est pourquoi il se décida à parler au maçon. L'autre ne se fit pas répéter et les deux hommes attaquèrent la première pierre. Cartouche avait vu juste. Rongé par l'humidité, le bloc cédait comme de la craie sous les entailles de l'un (qui se servait de ses chaînes comme d'une lime) et les coups de pieds de l'autre qui cognait à intervalles réguliers, comme le lui avait montré Cartouche, pour ne pas réveiller l'attention de leurs six anges gardiens qui jouaient aux cartes de l'autre côté de l'épaisse porte.

Quand la pierre se descella enfin, le maçon déblaya méthodiquement les gravats, les dissimulant sous la paille. Il suffisait d'ôter deux ou trois autres pierres pour s'échapper. Ce qui fut fait. Le maçon se glissa le premier par l'ouverture ainsi pratiquée. Dans l'obscurité totale, leurs yeux accoutumés avaient repéré la hauteur qui séparait le plancher de leur cachot de celui de l'espace adjacent. Ils avaient constaté qu'ils étaient pratiquement à niveau. Cartouche suivit le maçon et tous deux se retrouvèrent dans une sorte de long couloir pentu où couraient de gros rats. Réfrénant leur répulsion, ils commencèrent à avancer jusqu'à ce que le pied du maçon heurte une marche. L'homme se mit à quatre pattes et entreprit l'ascension. Cartouche se trouvait juste derrière lui. Dix degrés plus haut, ils rencontrèrent une porte. À tâtons, les deux prisonniers cherchèrent la serrure, finirent par la déceler. Le crochetage prit du temps parce que Cartouche tentait d'amortir le plus possible le cliquetis de ses chaînes. Ils purent écarter le battant et se retrouvèrent dans une grande cave encombrée d'outils, de caisses et d'emballages en bois. Ils étaient dans le sous-sol d'un layetier.

Comme ils ne percevaient pas le moindre bruit, ils en conclurent que ce devait être la nuit. Il suffisait simplement de soulever la trappe qui devait conduire à la boutique, puis de la traverser sans bruit, avant de franchir l'ultime porte qui ouvrait sur la liberté. Cartouche confia au maçon qu'ils déboucheraient probablement dans la rue de Gèvres qui, à cet endroit, prolongeait le quai de la Mégisserie. Il demanda à son compagnon s'il avait entendu parler du cabaret *La Madeleine*, rue du Jour, et l'autre acquiesça. Il lui indiqua alors que, s'ils étaient obligés de se séparer, il l'attendrait là, le lendemain, vers les midi. Il ne leur restait plus qu'à accomplir le plus facile. Traverser la boutique du layetier.

C'est à l'instant même où ils pénétrèrent dans la pièce que la chance les abandonna. Une espèce de roquet, court sur pattes et tout en longueur, se mit à produire des jappements aigus qui commencèrent par réveiller la fille de la maison puis son père et sa mère. Planté devant la porte d'entrée, le basset n'en finissait plus d'aboyer. Statufiée dans l'escalier qui conduisait à l'étage, la fille poussait des cris d'orfraie. Son père l'avait rejointe, armé d'une lance munie d'un long fer triangulaire garni à sa base de deux oreillons symétriques. La mère se tenait debout, collée à lui, une chandelle à la main.

Observée à la lueur de cette flamme vacillante, la scène avait quelque chose d'irréel. Comme la fille avait cessé de crier, Cartouche pensa que le moment de négocier était venu. Il commit un pas en avant et se figea sur place car ce fut au tour du père de se mettre à hurler : « Au voleur ! Au voleur ! », bientôt relayé par son épouse, tandis que leur fille tremblait de tous ses membres sous la chemise de nuit. Le guet ne tarda pas à intervenir. Ils enfoncèrent la porte d'entrée et se ruèrent à l'intérieur. Le maçon fut saisi le premier. Empêtré dans ses chaînes, Cartouche n'opposa aucune résistance.

Dès le lendemain, alors que les prisonniers avaient été renfermés dans des cachots séparés, la nouvelle de la tentative d'évasion avait fait le tour de Paris. On se pressait devant la boutique du layetier pour lui faire raconter son histoire. Il gagna aussi pas mal d'argent en faisant visiter une partie du parcours accompli par les deux hommes.

Échaudé par cette évasion avortée *in extremis*, le procureur décida de hâter l'instruction. Les interrogatoires reprirent sans attendre. Louis-Dominique Cartouche continua de prétendre s'appeler Jean Bourguignon et d'être natif de Lorraine. On le questionna sur le meurtre du lieutenant de robe courte Huron, celui du fils Tanton, de Jean Lefèbvre, du marin de commerce Bidel, de la mise à sac de la boutique de Charles Bernard, du fric-frac de l'hôtel Desmarets, de l'assassinat de l'archer Pépin et maints autres forfaits desquels il s'était rendu coupable ou avait prêté la main, mais rien n'y fit. Il s'en tint mordicus à ses premières déclarations. On le menaça de la question extraordinaire, cela ne parut pas l'émouvoir outre mesure. Il répétait à l'envie s'appeler Bourguignon Jean et être né en pays de Lorraine. Parallèlement, on mena grand train les interrogatoires de quarante et un de ses complices ou présumés tels, enfermés dans plusieurs prisons de la capitale. Une série de confrontations eurent lieu entre Cartouche et les coaccusés, mais il ne varia pas d'une virgule. Devant ceux qui disaient ne pas le connaître, il écartait les bras d'un geste entendu ; devant ceux qui l'accusaient, il sortait de ses gonds, bondissant tel un diable hors de sa boîte et les traitait tour à tour de gredins, de fripons et de scélérats, les accusant même de dire n'importe quoi dans le seul but de sauver leurs misérables petites vies de malfrats. Ce qui, en certains cas, n'était pas complètement faux.

Le 31 octobre 1721, Louis-Dominique Cartouche fut transféré de la prison du Grand Châtelet à celle de la Conciergerie. Les quarante et un coaccusés l'y suivirent quelques jours après. « Ce fut vers 1380, indique Jacques Hillairet, soit à l'avènement de Charles VI, que la prison du concierge du Palais intendant et prévôt de la demeure royale jusqu'alors située dans la Grosse Tour, se développa. Ce développement devenait nécessaire puisque cette prison cessait d'être affectée aux seuls ressortissants du bailliage du Palais pour devenir une prison du Parlement à la date du 23 décembre 1391, à l'occasion de l'incarcération à la Conciergerie de quelques personnes du Nivernais en conflit avec leur évêque [...]. Son entrée et son greffe fut établi dans l'angle nord-ouest de la cour du Mai... »

La prison comprenait quatre tours dont celle dite de Montgomery (du nom d'un de ses occupants incarcéré sous et par Catherine de Médicis) qui hébergea des prisonniers célèbres tel Ravaillac, ainsi que des hôtes de marque. C'est là que Cartouche fut conduit sous haute surveillance. Le Régent, la maréchale de Boufflers et le comédien Marc-Antoine Legrand vinrent le visiter. Le premier lui laissa des chocolats et ordonna qu'il soit nourri convenablement. La deuxième lui apporta quelque réconfort, lui rappelant son irruption en pleine nuit dans son hôtel particulier et le souper qu'il s'était fait servir ; avant de le quitter, elle lui offrit deux louis d'or. Le troisième vint s'informer directement auprès du brigand de quelques-uns de ses exploits afin de les traduire fidèlement sur scène pour faire pièce à la troupe des Italiens qui représentaient déjà, depuis le 20 octobre, un Arlequin voleur fort prisé du public.

Enfin, le lundi 17 novembre 1721, le procès criminel de Louis-Dominique Cartouche et de ses complices fut, selon l'expression consacrée, vu et jugé.

La direction de la procédure échut au conseiller Arnaud de Bouex. Cartouche persista dans son système de défense et se claquemura dans ses dénégations. Dix jours plus tard, le verdict tomba. Cartouche et six de ses complices étaient condamnés à être roués vifs et préalablement appliqués à la question. L'arrêt de la cour du Parlement fut ainsi libellé : « La Cour condamne lesdits Camus, Louis-Dominique Cartouche dit Lamarre ou Petit ou Bourguignon, Jacques Maire dit le Limousin, Jean Balagny dit le Capucin, François-Louis Duchâtelet dit le Lorrain, à avoir bras, cuisses et reins rompus vifs sur un échafaud dressé pour cet effet en place de Grève ; leurs corps mis chacun sur une roue, la face tournée vers le ciel pour y finir leurs jours ; et lesdits Jean Baptiste Madelaine dit Beaulieu et Jean-Baptiste Messié dit le Flamand à être pendus et étranglés jusqu'à ce que mort s'ensuive à des potences dressées pour cet effet en ladite place de Grève... » En réalité le surnommé Beaulieu ne survécut pas à la question de l'eau dont Frantz Funck-Brentano nous rappelle tout le subtil raffinement : « Le patient était étendu sur des planches, les bras et les jambes tirés par des cordes. Par un entonnoir, des quantités énormes d'eau lui étaient versées dans la bouche ; le liquide, en s'amassant, gonflait l'estomac et y produisait d'horribles douleurs. » Le décès de Beaulieu sauva Cartouche de ce supplice mais il ne coupa pas à la question des brodequins dont la délicatesse n'avait rien à envier à la précédente : « Les jambes du patient, explique Funck-Brentano, étaient liées et placées entre des planches ; ces planches étaient ensuite rapprochées les unes des autres par des coins que le bourreau enfonçait à grand coup de maillet. En se resserrant, elles broyaient les chairs et les os... »

Au temps de Cartouche (et même plus tard puisque la question préparatoire ne fut abolie officiellement en France qu'en 1780 par Louis XVI et la question préalable, en 1789, par l'Assemblée nationale), la torture n'avait strictement rien de commun avec la recherche de la vérité à tout crin. Ce n'était même pas, comme on aurait pu le dire, la preuve orale du crime par l'épreuve physique. « Le supplice judiciaire, observe Michel Foucault, est à comprendre comme un rituel politique. Il fait partie, même sur un mode mineur, des cérémonies par lesquelles le pouvoir se manifeste [...]. Il s'agit d'un cérémonial pour reconstituer la souveraineté un instant blessée. » Et, plus loin, le philosophe de conclure sans ambages : « Le XVIIIᵉ siècle a sans doute inventé les libertés ; mais il leur a donné un sous-sol profond et solide, la société disciplinaire dont nous relevons toujours. »

Le jeudi 27 novembre 1721 s'ouvrit pour Cartouche l'un des jours les plus longs et les plus pénibles de sa brève existence. C'est ce jour-là, en effet, qu'entouré de deux conseillers du roi, d'un greffier et de deux huissiers de la cour, débuta son interrogatoire libre.

Le véritable portrait de louis dominique CARTOUCHE *tiré d'après nature étant dans les Cachots*

On posa à l'accusé, pour la énième fois, les mêmes sempiternelles demandes. Ses nom, prénom, âge et qualité ; les noms de ses complices et la liste de leurs actes criminels. À chacune de ces demandes, Louis-Dominique Cartouche répondit de la même façon qu'il l'avait fait durant l'instruction. À la question de savoir avec qui il avait accompli tel ou tel vol, il répondit laconique : « Je n'ai jamais volé personne. » À la question de savoir en compagnie de qui il avait assassiné tel ou tel individu, il répondit compendieux : « Je n'ai jamais tué personne. » Quand on lui cita les noms de ses complices, dont la plupart avaient avoué, à propos de telle affaire ou de telle expédition punitive, il laissa tomber : « Je ne connais pas ces gens. » Même le nom de François-Louis Duchâtelet, qui l'avait pourtant trahi, ne suscita chez lui aucune réaction de vengeance ou de ressentiment : « Je n'en ai jamais entendu parler. » Aurait-il tout avoué qu'il n'aurait pas coupé à la torture. C'était la règle. Un passage obligé.

On avait décidé de l'exposer à la question de l'eau mais le médecin qui procéda à son examen détecta une grosseur inguinale ce qui lui interdisait de subir l'extension. En fait (comme nous l'avons déjà dit), les morts de Beaulieu et d'un autre accusé en cours de supplice avaient dissuadé les juges de prendre trop de risques avec ce prisonnier de choix. Le peuple avait droit à son exécution publique. S'il apprenait que Cartouche était mort à la question, cela ferait désordre. Le croirait-il seulement ? N'allait-on pas lui mettre en tête qu'il s'était de nouveau échappé ou qu'on l'avait aidé à fuir ? On appliqua donc à Cartouche la question des brodequins qui ne valait pas mieux mais qui ne provoquait pas de lésions mortelles.

Ses jambes furent ficelées entre deux planches. L'office du bourreau allait consister à les écraser en enfonçant, à l'aide d'un maillet, des sortes de cales entre ces planches. Le greffier de la cour en la XIe chambre de la question lut les préliminaires : « L'avons admonesté de nous déclarer ses vols, meurtres et les noms de ses complices. A répondu qu'il n'a commis aucun vol, meurtre et que n'ayant rien fait, il ne saurait avoir des complices ; qu'il est prêt à mourir et qu'il est innocent. »

Le bourreau cogna sur la première cale. Cartouche poussa un cri. « Déclare tes complices », lui ordonna l'un des conseillers. « Je suis innocent », répondit Cartouche. À la deuxième cale, on put entendre le même cri, la même demande et la même réponse. Au troisième coin, Cartouche se tut. Au quatrième coin, il répondit qu'il était innocent et ne comprenait pas ce qu'on lui voulait. Au cinquième, qu'il allait mourir. Au sixième, qu'il avouerait avoir fait tout ce qu'on voudra mais qu'il n'avait rien fait de mal. Au septième, qu'il était innocent et sans complices. Au huitième et dernier coin, enfin, qu'on le faisait mourir et qu'il était innocent. Puis on le détacha et l'on déposa son corps martyrisé sur un matelas où l'interrogatoire se poursuivit. Le greffier nota dans son procès-verbal : « A persisté dans un système absolu et complet de dénégations. Sur quoi, avons clos le présent procès-verbal, et interpellé, aux termes de l'ordonnance, de le signer avec nous, à répondu ne savoir le faire. »

Il demeura seul avec sa souffrance, jusqu'à ce qu'un confesseur le rejoigne et s'enquière de l'état de son âme avant la comparution devant Dieu. D'une voix affaiblie par la violente douleur qui lui tenaillait les jambes et tout le corps, Cartouche lui rétorqua qu'il n'entendait rien de ce bavardage. Tout ce qu'il demandait, maintenant, c'était qu'on le laisse en paix. Le confesseur lui donna quand même l'absolution et l'on vint le chercher pour le conduire sur les lieux de son ultime supplice. Un soldat des gardes eut le temps de lui souffler que François-Louis Duchâtelet dit le Lorrain avait été gracié par le procureur du roi sur ordre de Son Altesse le Régent. Cartouche n'en éprouva aucune amertume. Car il espérait secrètement que ses compagnons allaient le sortir des pattes du bourreau avant que celui-ci ne l'attache sur la roue. Mais en arrivant au pied de l'échafaud, ses yeux eurent beau chercher, au milieu de la foule et des cinq cents archers qui l'encadraient, un signe d'espoir, il n'en discerna aucun.

Le tourmenteur juré du roi allait lui lier les mains quand il interpella le greffier de la cour et demanda à être reconduit devant les magistrats. On le délia et le transporta dans une des salles de l'hôtel de ville. Et là, de colère et de dépit, il avoua tout. Le flot des arrestations s'amplifia soudain. Au fur et à mesure que les noms tombaient, on envoyait des archers cueillir les suspects. Ce furent d'abord plus de cent personnes qui rejoignirent en quelques heures les cellules de la Conciergerie et du Grand Châtelet. Et les aveux de ceux-ci en amenèrent d'autres que l'on jugea ultérieurement et ainsi de suite puisque le procès des cartouchiens dura jusqu'en 1728.

Louis-Dominique Cartouche qui avait résisté à la torture sans même livrer son véritable nom, venait de succomber devant la lâcheté des siens qui n'avaient rien tenté pour le sauver de la mort. Avec les policiers et les mouches, traîtres et lâches étaient de cette engeance qu'il avait toujours abhorrée. Égal à lui-même, il fit les choses en grand. La liste fut longue et son énumération retarda l'exécution d'autant.

Comme nous le rappelle judicieusement Arlette Farge, se rendre en Grève au XVIIIᵉ siècle, signifiait dans son acception première « se mettre sur le marché de l'emploi, donc aller en place de Grève où les différents corps de métiers recrutaient dans les cabarets alentours, les saisonniers arrivés pour le travail d'été. » Ce n'est pas, toutefois, l'aspect le plus connu de l'endroit. C'est sans doute qu'entre une recherche d'emploi et une exécution capitale, la mémoire collective préfère s'attacher à la plus remarquable. Or, au même titre que la question, le supplice terminal du condamné rejoignait la panoplie gouvernementale au rang d'accessoire symbolique suprême. Le pouvoir politique que l'on parvenait, de temps à autre, à brocarder ou à bafouer, se dressait soudain au-dessus des échafauds sous forme de corde, de roue ou de billot, rappelant aux éventuels protestataires sa puissance et sa durabilité. Et pourtant, note encore Michel Foucault : « L'épouvante des supplices allumait en fait des foyers d'illégalisme : les jours d'exécution, le travail s'interrompait, les cabarets étaient remplis, on insultait les autorités, on lançait des injures ou des pierres au bourreau, aux exempts et aux soldats, on cherchait à s'emparer du condamné, que ce soit pour le sauver ou le tuer mieux [...]. Mais surtout [...], jamais plus que dans ces rituels qui auraient dû montrer le crime abominable et le pouvoir invincible, le peuple ne se sentait proche de ceux qui subissaient la peine ; jamais il ne se sentait plus menacé, comme eux, par une violence légale qui était sans équilibre ni mesure. »

La foule qui était venue voir rouer Cartouche était immense. De mémoire de Parisien, on ne se souvenait pas d'avoir vu autant de spectateurs. Ni pour Marie-Madeleine d'Aubray, marquise de Brinvilliers, qui fut décapitée en 1676, ni pour Catherine Deshayes *alias* la Voisin, brûlée vive en 1680, ni pour le jeune comte Alexandre de Horn, roué vif pas plus tard que l'année précédente. La place de Grève, noire de monde, dut attendre longtemps son supplicié. Vingt heures de rang, on prit son mal en patience. Lors de l'arrêté, la cour avait joint un *retentum*. À savoir que le dénommé Cartouche serait discrètement étranglé à l'aide d'un lacet avant d'être roué.

Personne n'avait osé bouger de crainte de perdre sa place. Toutes les classes sociales étaient représentées y compris le corps diplomatique. Des Anglais, des Hollandais avaient fait le voyage pour être présents à cette exécution. Les places aux fenêtres qui entouraient la Grève s'étaient arrachées à prix d'or. L'on mangea, l'on but, l'on chanta, l'on dormit.

Vers la fin de la matinée, en ce vendredi 28 novembre 1721, Cartouche réapparut pour être conduit au supplice. Aucun cri, aucune plainte ne s'échappa de ses lèvres quand le bourreau le plaqua contre la roue. Sans que personne ne s'aperçoive de rien, il fut étranglé puis le tourmenteur juré du roi lui brisa les bras, les cuisses et les reins. Le greffier Thomas Gueulette, qui s'était retrouvé bloqué malgré lui sur la place de Grève, eut à son égard cet épitaphe : « Cartouche fut le plus habile, le plus adroit, le plus intrépide et le plus déterminé scélérat dont jusqu'alors on eut entendu parler. » Le recul aidant, on ne connaît pas d'exemple qui l'égala.

Son corps supplicié fut évacué par le valet du bourreau qui l'emporta chez lui. Pendant trois jours, une masse de curieux se pressèrent devant sa porte pour le voir. L'entrée valait un sol. Après quoi, ce fut le tour des braves confrères de Saint-Cosme de s'approprier sa dépouille. Le défilé de curieux reprit mais le coût de la visite avait grimpé à un écu. Enfin, un médecin du Régent pratiqua l'autopsie. Cartouche venait d'entrer dans sa vingt-huitième année.

Son frère Louison fut exécuté quelques semaines plus tard. Son autre frère, François-Antoine, condamné aux galères, décéda en 1762. Leur père était mort en 1737 sur les terres du marquis de Beuzeville qui l'avait recueilli. Le 2 décembre 1723, en fin d'après-midi, Philippe duc D'Orléans passa de vie à trépas dans les bras d'une de ses belles amies. Seul le petit Louis XV consentit à verser une larme. François-Louis Duchâtelet, qui avait donné Cartouche et reçut pour cela la grâce du Régent, fut rattrapé par son destin et ses pulsions. Arrêté une première fois pour de nouveaux meurtres, il fut incarcéré à Bicêtre mais s'évada. Repris, il fut de nouveau enfermé à Bicêtre puis transféré à la Bastille avant de regagner définitivement les plus basses geôles de Bicêtre où on le scella au mur par un anneau. Il y passa plus de quarante années de sa vie ou ce qu'il en restait. À quelques reprises, écrit Louis-Sébastien Mercier, « il contrefit parfaitement le mort pour aller respirer en haut de l'escalier un peu d'air ; et lorsqu'il mourut pour de bon, on avait peine à y croire... »

Un soir de l'hiver 1729, à Venise, le vent qui balayait la lagune était glacial. Un homme d'une soixantaine d'années quitta sa gondole pour la terre ferme. Mais il avait trop ressenti le froid pour y échapper totalement. Rentré chez lui, il s'alita. Sa compagne appela des médecins à son chevet qui pratiquèrent deux saignées, sans résultat : John Law s'éteignit quelques jours plus tard. Avec sa mort et celle de Cartouche se tournait une page de l'histoire de France. Bientôt un monde nouveau allait naître de toutes ces cendres. Encore ne fallut-il pas l'attendre mais le provoquer.

Cannes-Fontenay sous Bois,
mai-septembre 1993.

BIBLIOGRAPHIE COMMENTÉE

Ouvrages sur et autour de Cartouche

Histoire de la vie et du procès du fameux Louis-Dominique Cartouche, Bibliothèque Bleue de Troyes, 1722.

Un récit qui est devenu, dans un premier temps, une sorte de best-seller puis un texte de référence, même si depuis sa publication certains faits et méfaits du célèbre brigand ont pu être corrigés à la lumière d'autres documents.

FUNCK-BRENTANO FRANTZ, *Les Brigands*, Tallandier, 1978.

Un très instructif et informé tour du monde des brigands au cours duquel l'auteur a pris le temps de musarder dans le pré-carré complexe de notre héros, nous évitant bien des embûches. Un ouvrage qui accomplit parfaitement sa mission : divertir et instruire.

HENRY GILLES, *Cartouche*, Tallandier, 1984.

La vie, les hauts faits, les amours, le procès et la mort du gamin de Paris racontés d'une manière prenante et originale par un auteur qui a tenté d'aller plus loin en reconsidérant aussi bien les idées reçues sur le personnage que certaines images d'Épinal sur le pouvoir en place.

LÜSEBRINK HANS-JÜRGEN, *Histoires curieuses et véritables*, Arthaud, 1984.

Intéressant à plus d'un titre par les analyses de son auteur qui réussit à cerner de manière claire et sérieuse le problème posé par notre héros. Un ouvrage qui n'a pas été écrit pour ne rien dire.

MAURICE BARTHÉLÉMY, *Cartouche*, Librairie Jules Laisné, 1864.

L'une des premières vraies radiographies écrites sur le bandit ainsi qu'un témoignage aussi précis que précieux sur le phénomène cartouchien dans le contexte de son époque.

Manuscrits

Bibliothèque de l'Arsenal : 7557 Réf : 10879/10914/12479.
Bibliothèque Nationale : Joly de Fleury
Bibliothèque de la Ville de Paris : II 930
Archives Nationales : AD III 4 AD769 773X2`B 1352./13
Archives du musée de la Police : Registres d'écrou.

Ouvrages généraux

ERLANGER PHILIPPE, *Le Régent*, Gallimard, 1974.

Où le héros passe dans le tamis de l'auteur avec un humour et une dextérité qui ne doivent rien au hasard. Connaissant Philippe d'Orléans et ses entourages sur le bout des doigts, Erlanger se défait de l'habit compassé et convenu des historiens officiels pour s'attacher aux basques de son protagoniste en moulant son style dans le décor de l'époque.

FARGE ARLETTE, *Dans la rue à Paris au XVIIIe siècle*, Folio, 1992.

Précédemment paru dans l'excellente collection Archives/Julliard, cet ouvrage qui alterne analyses personnelles et documents ou réflexions d'époque est l'indispensable bréviaire à une promenade historique de proximité à travers les rues de la capitale. Un guide incontournable, méthodique, affranchi.

HILLAIRET JACQUES, *Gibets, piloris et cachots du vieux Paris*, Minuit, 1956 et 1988.

Comme tous les ouvrages capitaux (et c'est doublement son cas) on ne trouvera pas le livre d'Hillairet dans le top 50 des hebdomadaires. Il est bien trop décisif pour que sa vie ne dure que l'espace d'une toquade. Voilà le type même d'essai en forme de coup de maître qui ne passera jamais parce qu'il ne sera jamais dépassé.

PETITFILS JEAN-CHRISTIAN, *Le Régent*, Fayard, 1986.

Ce livre est une authentique mine de renseignements et chacune des pépites qu'on y découvre, au gré d'une lecture passionnante, vaut largement son poids d'or. Ici, rien n'est laissé pour compte. Chaque pouce de terrain est inventorié, chaque pousse exploitée. Du bon grain à la mauvaise herbe, tout se lie pour faire revivre au lecteur une période clé de l'histoire trop souvent et injustement évacuée.

WILHELM JACQUES, *La Vie quotidienne des Parisiens au temps du Roi-Soleil*, Hachette, 1977.

Le complément naturel et indispensable à l'ouvrage précédemment cité pour en savoir davantage encore sur le Paris de 1660 à 1715. Il n'y manque pas un bouton de guêtre : de la vie des métiers aux salons littéraires, des spectacles et fêtes de rues aux alcôves des grandes demeures, ce document exceptionnel descend la Seine, arpente les rues et foule les parquets avec une aisance et une érudition sans égales.

Autres ouvrages à titre indicatif

ARGENSON (DE VOYER D') RENÉ, *Rapports inédits*, Paris, 1865

BARTHES ROLAND, *Essais critiques*

BOUDARD ALPHONSE, *Les Grands Criminels*, Le Pré au Clerc

BUVAT J., *Journal de la Régence*, Paris, 1865

DECAUX ALAIN, *Les Assassins*, Librairie Académique Perrin

DELAMARE NICOLAS, *Traité de la police*, Paris, 1705

FAURE EDGAR, *La Banqueroute de Law*, Gallimard

FOUCAULT MICHEL, *Surveiller et punir*, Gallimard

MARANA JEAN-PAUL, *Lettres d'un Sicilien*, Paris, 1883

MARCLE LE CLERE, *Histoire de la police*, PUF, «Que Sais-Je ?»

MERCIER LOUIS-SÉBASTIEN, *Tableaux de Paris*, Amsterdam, 1783

MEYER JEAN, *La Vie quotidienne sous la Régence*, Hachette

MONESTIER ALAIN, *Les Grandes Affaires criminelles*, Bordas

NEMEITZ J.-C., *Séjour de Paris*, Leyden, 1727

RÉOUVEN RENÉ, *Le Dictionnaire des assassins*, Denoël

Œuvres littéraires parues entre 1693 et 1721

BOILEAU NICOLAS, *Réflexion sur Longin*, 1693

FÉNELON, *Télémaque*, 1695

LA FONTAINE JEAN (DE), *Fables XII*, 1694

PERRAULT CHARLES, *Contes de la mère l'Oye*, 1697

MARIVAUX, *La Voiture embourbée*, 1714

LESAGE, *Histoire de Gil Blas*, 1715

VOLTAIRE, *Œdipe*, 1718

MONTESQUIEU, *Les Lettres persanes*, 1721

POST-SCRIPTUM

On lira ou relira avec intérêt *Manon Lescaut* (1753), le roman d'Antoine-François Prévost, dit l'abbé Prévost, qui porte témoignage sur les déportations en Louisiane.

À notre connaissance, un seul film a été tiré de la vie de Cartouche, celui réalisé et très librement adapté, en 1961, par Philippe de Broca avec Jean-Paul Belmondo dans le rôle-titre... À noter que pendant la grande fièvre de la rue Quincampoix, un bossu louait sa malformation à prix d'or à des agioteurs superstitieux pour qu'ils y signent leurs titres. C'est ce personnage qui inspirera à Paul Féval (en 1858) le titre de son roman le plus célèbre : *Le Bossu*, transposé au cinéma par André Hunebelle (1959) avec Jean Marais dans le rôle-titre et celui du... chevalier Lagardère... Enfin, l'un des films les plus intéressants sur la période de la régence, a été réalisé, en 1974, par Bertrand Tavernier. Il s'agit de *Que la fête commence* avec pour principaux interprètes : Philippe Noiret, Jean Rochefort, Jean-Pierre Marielle et Christine Pascal.

Le masque mortuaire de Louis-Dominique Cartouche a été réalisé, le jour même de son exécution, dans un moulage en cire par un Florentin anonyme. Ce masque, destiné aux collections personnelles du roi, a d'abord été cédé à un officier de la maison royale. Plus tard, un certain Eugène Bunout est entré en sa possession avant qu'il ne soit acquis par la mairie de Saint-Germain-en-Laye et enregistré sous le numéro 857.1. Photographié en 1859 par Nadar, ce masque a été exposé dans l'ancien musée municipal de la ville. Il attend, aujourd'hui, dans un garde-meuble, le droit de retrouver sa place dans le nouveau musée que la municipalité doit faire édifier.

CRÉDITS ICONOGRAPHIQUES

TABLE

Pour mieux connaître les Éditions Dagorno
et leurs publications,
composez sur votre Minitel

3615 DAGORNO

Le point de vue de l'imprimeur :

Impression et façonnage par

Dépôt légal : février 1994 - N° d'impression : 40087 D